나는 선교하려고
교회를 개척했다

나는 선교하려고
교회를 개척했다

ⓒ 유동효, 2022

초판 1쇄 발행 2022년 10월 26일

지은이   유동효
펴낸이   이기봉
편집   좋은땅 편집팀
펴낸곳   도서출판 좋은땅
주소   서울특별시 마포구 양화로12길 26 지월드빌딩 (서교동 395-7)
전화   02)374-8616~7
팩스   02)374-8614
이메일   gworldbook@naver.com
홈페이지   www.g-world.co.kr

ISBN   979-11-388-1335-8 (03230)

코로나 시대에 써내려간 사도행전 29장

나는 선교하려고 교회를 개척했다

유동효 지음

좋은땅

백강수(NGO 팀앤팀 이사장)

유동효 목사님과 처음 만난 게 2년 전이다. 우리 팀앤팀 사무실로 아프리카 우물을 파겠다는 연락을 주셔서 말씀의 숲 교회로 찾아간 것이 첫 대면이었다. 사실 지구상 가장 가난한 땅 아프리카 영혼들에게 관심을 갖는 교회가 많지 않은 편이다. 멀기도 하고 위험한 지역이라 기피하는 경향이 많다.

설레는 맘으로 말씀의 숲 교회를 찾아갔다. 뜻밖에 경기도 광주 외곽의 조그만 상가건물에 위치해 있었다. 팀앤팀에 기부하는 교회의 경우 대개 중대형교회가 많았는데… 목사님을 만나기 전부터 왠지 감동이 전해 왔다.

유 목사님으로부터 아프리카에 우물을 파게 된 배경을 설명 들었다. 3년 전 교회를 개척하시면서 눈에 보이지 않는 교회를 짓겠다고 약속을 하셨단다. 내 교회 건물보다는 하나님이 필요하신 곳, 하나님이 지

나는 선교하려고 교회를 개척했다

시하시는 땅에 교회를 세우는 일이 더 시급한 일이라고 생각하셨다. 그래서 말씀의 숲 교회 건축헌금을 모으지 않고 아프리카 선교헌금부터 시작하셨다.

엄중한 코로나 시기에 성도 한 명 없이 시작한 개척교회가 첫해부터 아프리카에 교회를 봉헌하는 기적을 일구었다. 그것도 두 채씩이나! 그리고 두 번째 해에는 하나님의 말씀과 영감을 통해 아프리카에 샘을 파기로 하고 팀앤팀을 찾게 된 것이라 했다.

성도라면 누구나 말씀 읽고 기도하지만 무엇이 우선이냐에는 생각이 각기 다르다. 모든 일에는 완급이 있듯이 예수님의 부탁 말씀에도 완급이 있을 것이다. 그중에 무엇보다도 예수님의 승천하기 전 마지막 부탁 말씀이 가장 절실하지 않을까.

> *"너희는 가서 모든 민족으로 제자를 삼아 세례를 주고*
>
> *그리스도의 가르침을 지켜 행하게 하라.*
>
> *너희는 온 천하에 다니며 만민에게 복음을 전파하라."*

이 말씀을 붙들고 사도바울은 1세기 이방인 선교를 시작하였으며, 19세기 리빙스턴은 아프리카로, 허드슨 테일러는 중국으로, 아펜젤러와 언더우드는 조선으로 향했을 것이다 유 목사님도 이 말씀을 따라 사도 바울의 길을 걷기로 순종하고 3년 전 선교를 위한 교회 개척을 시작하셨다.

선교는 하늘에서 이룬 아버지의 뜻을 이 땅에서 이루는 일이다. 목
사님의 생각과 기도가 말씀에 합하므로 하나님은 그에게 믿음의 확증
을 주셨다. 예수의 흔적을 몸에 지니게 하신 것이다. 암에 걸리는 절체
절명의 위기 속에서 눈앞에 보이는 것 없고 손에 잡히는 것 없었지만,
오직 믿음과 말씀에 의지하여 선교를 위한 교회 개척은 중단 없이 지
속되었다.

코로나 팬데믹으로 진행 중인 선교마저 중단하거나 축소하는 이 엄
중한 시기에 오히려 하나님은 매년 교회 건축을 통해 아프리카에 천국
복음을 전파하게 하시고, 목마른 자들을 위해 우물을 파게 하시고, 가
난한 자들을 위한 살 집도 20여 채를 건축하게 하신 것이다. 그 과정에
서 보여주신 하나님의 역사는 이루 말로 표현할 수 없다.

21세기 아프리카를 향한 유 목사님의 선교사역에 나타난 수많은 하
나님의 도우심과 표적과 기사들을 혼자 간직할 수 없어 이번에 책으로
출간하셨다. 이 책은 분명 빈들에 마른 풀처럼 시들어가는 현대인들의
메마른 영혼을 소생시키고 갈대처럼 흔들리는 믿음을 회복하게 해 줄
것이다
또 현대 교회들을 향한 개혁의 메시지를 담고 있다. 풍요의 시대를

지나면서 현대 교회 모습도 말씀에서 점점 멀어지고 있지 않은지. 물질주의, 세속주의, 관료화, 제도화된 교회 생활에 익숙해지면서 어느새 사람의 이성과 지혜가 교회를 경영하고 있지 않은지.

유 목사님은 이 책을 통하여 21세기 선교와 목회의 새 방향을 제시하고 있다. 이 책은 목회와 선교도 사람의 지혜와 말솜씨로 할 것이 아니라 성령의 나타나심과 하나님의 능력에 의지해야 한다. 메시지를 담고 있다.

바울 사도의 말씀과 믿음의 길을 따라가는 유 목사님과 말씀의 숲 성도들의 아프리카 사랑과 열정은 21세기 성령의 역사요 아프리카 전도의 신사도행전으로 기록될 것이다.

서천석(새생명교회 담임목사)

유동효 목사님은 선교 중심의 목회자입니다. 교회 창립 당시부터 지금까지 해외선교와 국내선교를 위해 헌신했습니다. 선교를 위해서라면 자신의 삶을 아끼지 않습니다. 선교 우선주의적 삶을 삽니다. 암 투병으로 사경을 헤매는 중에도 선교는 후 순위로 밀리지 않았습니다. 늘 선교는 교회와 사역의 최우선이었습니다.

자신의 교회를 짓기보다는 선교지에 교회를 먼저 짓습니다. 후원 교회(말씀의 숲 교회)는 임대한 건물에서 예배를 드리고 모이는 교인의 숫자도 많지 않습니다. 재정적으로 늘 어려움을 겪습니다. 하지만 후원을 받는 아프리카의 교회들은 큼지막한 새 교회 건물을 소유하고 있습니다.

후원 교회(말씀의 숲 교회) 담임목사가 암으로 고통받고 있을 때 아프리카에 세워진 교회 성도들이 합심하여 눈물로 기도하는 모습을 영상을 통해 본 적이 있습니다. 선교 중심의 목사만이 누릴 수 있는 특권이요 하나님께서 참으로 기뻐하시는 모습입니다.

《나는 선교하려고 교회를 개척했다》는 저자의 신앙고백입니다. 이 책을 통해 저자의 선교를 향한 사랑이 독자들의 마음에 전달되는 불쏘시개가 되었으면 합니다.

김향나(케냐 마르웨 선교사)

저자 유동효 목사님은 참으로 하나님께 받은 은사가 많은 분이시다. 찬양, 작곡, 글솜씨, 설교, 성우 뺨치는 목소리. 그래서인지 영적인 사탄의 공격도 만만치 않게 받으신 분이시다.

나는 선교하려고 교회를 개척했다

옆에서 보면 안쓰러울 정도로 아프리카 교회 헌금을 보내시던 날, 허리가 아파서 병원엘 갔더니 폐암 4기에 척추암 판정. 세상에 이런 일이….

하나님을 많이 사랑하셔서 개척하자마자 본인들의 교회보다 선교지에 먼저 교회를 짓겠다고 성도들과 마음이 하나 되어 선교하시는 분. 아프리카에 교회를 세우고 집 없는 사람들의 집을 지어주고 가난한 애들 공부도 많이 시키고 '참으로 최선을 다하는 삶을 사시는구나'를 옆에서 느낄 정도로 주님께 전심하시는 분.

'그런데 왜 목사님에게 암? 해도 해도 너무 하는 거 아냐?' 하는 마음이 들었다. 어느 인생이 주님의 마음을 온전히 알 수 있을까? 우리는 고난을 묵묵히 견디며 주의 명령에 순종할 뿐이다.

그 많은 어려움과 고통을 믿음 하나로 잘 이겨 내신 유동효 목사님께서 자신이 겪은 믿음의 여정을 이 책에 잘 담아내셨다.

마지막 때에 하나님께서 진실한 참 종들을 찾으시는 이 시기에 이 책을 통하여 의문과 고난 속에 계신 하나님의 사람들이 새 힘을 얻게 되시고 새롭게 도약하는 계기가 되실 것을 확신하면서 강력 추천을 드린다. 마라나타!

케냐 마사이족을 수년간 선교하면서 도저히 기대할 수 없는 상황에서도 도우시는 하나님의 손길을 늘 경험합니다. 교회 건축을 시작했으나 후원하려던 교회의 사정으로 벽돌 몇 장만 쌓아 놓고 몇 년이 무심하게 흘러갔는데, 말씀의 숲 교회에서 돕겠다는 소식을 들었을 때, '하나님께서 내 오랜 기도와 소원을 들어주셨다'는 기쁨이 넘쳤습니다.

'너희는 먼저 그의 나라와 그의 의를 구하라'라는 주님의 말씀을 삶으로 보여주시는 목사님을 바라보면 힘이 됩니다.

개척교회의 어려운 재정과 암투병으로 어려운 상황에서도 아프리카의 교회 건축과 성도들의 집 건축과 물이 없는 곳에 우물을 파 주는 이 모든 사역을 바라보면서 예수님의 마음을 바라봅니다. 특별히 집을 지어주면 사람들이 너무 좋아합니다. 그리고 그들은 집과 함께 예수님도 선물 받게 됩니다.

목사님의 사역이 수많은 열방과 죽어가는 사람들이 주님께 돌아오는 사역이 되시길 기도합니다.

선교는 누가 하는가? 선교는 살아 계신 하나님이 하십니다. 살아 계신 하나님께서 신실한 하나님의 종들을 통해 선교를 하십니다. 그런 관점에서 유동효 목사님의 선교 이야기는 '용기 있고 진솔한 사도행전 29장의 역사'입니다. 역동적이고 신실한 목사님의 간증과 선교에 대한 열정은 선교지에서 13년 넘게 선교사로 살고 있는 저에게도 큰 도전과 감동을 선사하고 있습니다.

"Nothing is impossible."

머릿속에서 이 찬양이 계속 맴도는 이유는 지금도 선교지뿐만 아니라 살아 계신 하나님께서 일하시는 모든 곳에 놀라운 기적이 일어나고 있기 때문입니다.

선교는 계속되어야 하고 지금도 계속되고 있습니다. 이 책에 그 생생한 이야기가 담겨 있습니다. 제가 유 목사님과 말씀의 숲 교회의 선교 이야기를 들으며 가졌던 놀랍고도 뜨거운 감동을 이 책을 통해 함께 느껴 보시기 바랍니다.

코로나 시대에 쓰여진 사도행전 29장

2020년 2월, 전 세계에 들이닥친 코로나19의 영향력은 어마어마했다. 무엇보다도 교회가 입은 타격은 치명적이었다.

공권력에 의한 사상 초유의 공예배 금지 결정! 사람들은 크게 두 가지 의견으로 갈라져 대립했다. 6·25 전쟁 때도 예배는 사수했다는 의견과, 예배의 형식보다 하나님께 드리는 예배면 꼭 집합 예배가 아니라도 된다는 의견들.

신천지 집단에 의해 초기 코로나가 확산되면서 사회에서 교회를 보는 시선은 싸늘해졌다. 마치 교회가 코로나의 온상처럼 여겨지고 기독교에 대한 부정적인 여론들이 팽배해졌다.

현장 예배에 모이기 힘들어지면서 비대면 예배로 대체할 수밖에 없었다. 비대면으로나마 예배를 이어 갈 수 있다는 안도의 소리와 함께 비대면 예배의 다양한 방법과 긍정적인 면에 대한 인식도 생겨난 반면, 6·25 전쟁 중에도 예배는 중지되지 않았으며 비대면 예배로는 온전한 신앙을 유지할 수 없다는 반발도 커져 갔다.

나는 선교하려고 교회를 개척했다

이러한 혼란 가운데 교회는 큰 어려움을 겪었다. 그 와중에 누구보다도 어려움을 겪은 교회는 작은 미자립 교회들과 해외 선교사들이었다. 미자립 교회는 당장 교회의 존립을 걱정해야 했고, 해외 선교사들은 선교 후원이 중단되는 상황 속에서 고군분투할 수밖에 없었다.

　나는 코로나19가 발생하기 6개월 전에 교회를 개척했다. 교회 개척은 평생의 꿈이었다. 17세의 나이에 목회자로 서원하고 그 서원을 이루고자 고군분투했으나 어려운 가정 형편상 교대로 진학할 수밖에 없었고 교사 생활을 하게 되었다. 교직에 있으면서도 주님과 약속한 서원을 지키고자 하는 마음뿐이었다.

　목사 안수를 받고 수요일과 주말에만 파트타임으로 부목사로 섬기던 중 하나님은 목회자로 온전히 제2의 인생을 살라는 마음을 주셔서 초등교사 생활을 접고 남들보다 10여 년 일찍 스스로 명예퇴직을 신청했다. 그리고 아프리카 선교사를 꿈꾸며 단기선교를 떠났다. 아프리카 단기선교를 통해 장차 섬길 지역을 찾기 위함이었다.

　하지만 상황이 여의치 않아 한국으로 돌아오게 되었다. 그리고 한국으로 돌아오는 비행기에서 하나님은 또 다른 마음을 주셨다.

보라 내가 새 일을 행하리니 이제 나타낼 것이라

너희가 그것을 알지 못하겠느냐

반드시 내가 광야에 길을 사막에 강을 내리니

장차 들짐승들 곧 승냥이와 타조도 나를 존경할 것은

내가 광야에 물을, 사막에 강들을 내어

내 백성, 내가 택한 자에게

마시게 할 것임이라(사 43:19-20)

30년간의 교직 생활 내내 늘 내 가슴속에 품고 있었던 성경 구절이었다. 그리고 교직 생활의 명퇴를 결심하게 된 동기가 된 말씀이기도 했다. 이 말씀이 비행기에서 내내 내 머리를 떠나지 않으면서 이런 생각이 들었다.

'내가 직접 현지에 나가는 선교사보다 교회를 개척해서

보내는 선교사로서의 사명을 감당하라는 말씀인 것인가.'

하나님은 택한 자들에게 복음의 생수를 마시게 하는 사역에 나를 부르셨다. 그곳이 한국이든 아프리카든 상관은 없었다. 한국에서도 얼마든지 선교사역을 할 수 있지 않은가. 그렇게 주신 마음에 순종하여 개척을 시작했다. 그리고 개척한 지 한 달쯤 되던 예배에서 주님의 마음을 선포했다.

"우리 교회도 주님께서 허락하시면 장차 교회를 건축할 수도 있을 것입니다. 하지만 저는 우리 교회 건축하기 이전에 아프리카에 교회를 먼저 건축하고 싶습니다. 140여 년 전에 선교사들이 이 땅에 들어와서 교회와 학교와 병원을 세운 그 빚을 조금이나마 아프리카 땅에 갚아야 할 것입니다."

진정 '선교를 위해 개척한 교회'였다. 몇 명 되지 않는 성도들은 담임목사의 말에 기쁨으로 호응하며 미약하나마 아프리카 교회 건축 선교 헌금을 시작했다. 그러던 중, 교회 개척 6개월 만에 코로나 사태가 터진 것이었다.

게다가 엎친 데 덮친 격으로 교회 개척 9개월째 되면서는 내가 암 투병을 하게 되었다. 건강은 자신하던 내가 병원에서 갑자기 폐암 4기에 척추로까지 전이되었다는 선고를 받게 된 것이었다.

이제 겨우 개척 9개월 된 교회, 아프리카에 성전을 짓겠다는 소박한 비전으로 마음으로 모아 가던 교회에 코로나 사태도 모자라서 담임목사까지 암 투병이라니.

사람들은 이제 아프리카 건축은 물 건너갔다고 생각했을 것이다. 안 그래도 코로나로 어려운데 암까지 걸렸으니 이제는 교회의 존립부터 걱정해야 할 것이다. 당장 목숨이 위태로운데 다른 꿈을 꾸는 것은 사치라고 여길 수도 있었다. 그래서 모든 것을 여기서 멈출 수도 있었다. 아니, 멈추어야 마땅했다. 하지만 우리 성도들은 계속해서 마음을 모았고 매일 기도회를 통해 담임목사의 치유와 선교를 위해 하나님께 부르짖었다.

대저 나는 여호와 네 하나님이요 이스라엘의 거룩한 이요,
네 구원자임이라(사 43:3a)
네가 내 눈에 보배롭고 존귀하며 내가 너를 사랑하였은즉
내가 네 대신 사람들을 내어 주며
백성들이 네 생명을 대신하리니(사 43:4)

　폐암 4기에 척추로까지 전이된 암 환자였던 나는 놀랍게도 모두의 기도와 염려 덕분으로 짧은 암 투병을 마치고 3개월 만에 교회에 복귀하였다. 그리고 하나님의 은혜로 개척 1주년 되던 주일에 아프리카에 교회 개척을 완공했다. 그것도 목표로 했던 한 채가 아니라 두 채를! 이 모든 것이 하나님의 기적이었다.

　2021년은 또 다른 선교의 길로 달려간 한 해였다. 여전히 코로나는 맹위를 떨치고 있었고 교회는 현장 예배의 어려움이 계속되고 있었다. 성도 수의 30%만 모일 수 있다고 하더니 어느 날은 99명 이내로 모이라는 지침이 내려오고 급기야 영상예배 필수 참석 인원을 제외하고는 전원 영상예배만 가능하다고까지 했다. 교회들은 코로나 단계에 따라 수시로 바뀌어 가는 상황을 예의주시하면서 대면, 비대면 예배를 이어나갈 수밖에 없었다.

하지만 우리 말씀의 숲 교회의 2021년은 코로나로 교회 활동이 멈추어진 한 해가 아니라 새로운 선교의 장을 연 한 해였다. 2020년의 교회 건축을 필두로 2021년 1월에 케냐 타나리버 우물 파기, 5월에 케냐 마르웨 집짓기 선교, 6월에 케냐 인키산자니 학생들에게 장학금으로 학교 보내기 선교를 추진했다. 그 선교사역은 2021년 말에 돌아보니 한 해에만 무려 21채의 집을 지어 주었다.

이 짧은 2년 동안에 일어난 일들이 어떻게 개척교회에서 가능한 일인가. 그것도 코로나 상황 속에서, 그것도 담임목사가 암에 걸려 사경을 헤매면서 이룩한 일이라니! 오로지 하나님께서 일하시지 않으면 이루어질 수 없는 선교사역이었다. 그래서 우리는 교만하지 않는다. 아니, 교만할 수가 없다. 모든 것이 주님이 하셨기 때문이다.

이 책에는 한 개척교회의 선교 이야기가 실려 있다. 이 책을 통해 코로나로 힘들어하는 교회들 특히 미자립 교회들과 선교비가 끊겨서 어려움을 겪는 선교사들에게 용기와 희망을 주었으면 한다. 비록 힘든 사역의 현장이라 할지라도 오늘을 견뎌내고 뚜벅뚜벅 걸어가는 자에게 하나님은 동행하시고 장차의 영광으로 갚아 주시리라.

> 생각하건대 현재의 고난은 장차 우리에게 나타날 영광과
> 비교할 수 없도다(롬 8:18)

목차

2021 말씀의숲교회 아프리카 사역

첫번째 사역 | **교회 짓기**

두번째 사역 | **우물 파기**

세번째 사역 | **집짓기**

네번째 사역 | **급식 후원하기**

다섯번째 사역 | **장학금으로 학교 보내기**

하나님 아버지 앞에서 정결하고 더러움이 없는 경건은 곧 고아와 과부를 그 환난중에 돌보고
또 자기를 지켜 세속에 물들지 아니하는 그것이니라 [약 1:27]

PART I

아프리카에서 만난 하나님

케냐 망고농장에서

1장

선교하려고 명예퇴직을 하다

불교 가정에서 자란 나는 중학교를 미션스쿨로 진학하기 전까지는 교회의 문턱도 들어가 보지 않은 복음의 사각지대에서 자라났다. 남들은 아무리 불교 집안이라고 하더라도 크리스마스 날엔 교회에 가서 과자도 받고 선물도 받은 기억들이 있을 텐데, 나는 성탄절 크리스마스 트리도, 부활절 달걀도 경험하지 못한 완전한 복음의 사각지대에서 자라났다. '예배당에 가면 눈 감으라 해놓고 신발 훔쳐 가더라~' 이런 노래를 지어서 따라 부를 정도로 교회와는 담을 쌓고 지내던 어린 시절이었다.

교회는 안 다녔지만 크리스마스가 되면 예수님이라는 단어는 TV에서 들을 수 있었다. 성탄절이 되면 TV에서 방영하는 동방박사 이야기, 예수 탄생 이야기를 만화영화로 보게 되었다. 그런데 배경지식도 없이 동방박사니, 아기 예수니 하는 말을 들어도 도저히 이해가 되지 않았다. "누나야, 예수님이 누꼬?" 누나에게 물어봐도 누나 역시 교회를 안 다니니 "내도 모른다."라는 대답만 돌아왔다.

그러다가 중학교를 미션스쿨로 가게 되었고, 거기서 처음으로 채플과 성경 수업을 듣게 되었다. 하지만 여전히 성경 이야기는 이해되지 않았고, 채플 시간은 그저 적당히 졸다가 오는 시간이었다. 미션 스쿨이었기에 학급마다 신앙부장이 있었고 교회 다니는 친구들도 많았는데 중학교를 다니면서 전도받아 본 기억이 없다. 아마 아직 어린 남자 중학생들이었으니 전도에 대해서는 부담스러웠을 것이다.

친한 친구 두 사람이 있었다. 한 명은 신실한 크리스천이었고, 한 명은 교회를 다니지 않고 주말마다 골프와 등산, 낚시 등 스포츠를 즐기며 살았다. 10년이 넘는 시간 동안 친하게 지냈지만 크리스천은 친구가 주말마다 골프 치러 가자고 하는데도 한 번도 응하지 않고 신실하게 교회를 다니면서 직분자로 성가대로 열심히 봉사하는 신앙인이었다.
하루는 친구가 원망 섞인 목소리로 말했다.
"자네는 어찌 그럴 수 있나? 내가 10년이 넘게 한 번만이라도 골프나 등산을 가자고 하는데도 단 한 번도 응하지 않다니."
"미안하네. 친구야. 나도 친구와 좋은 시간을 갖고 싶지만 주일을 어기고 놀러 갈 수는 없어. 주일마다 교회에 가서 하나님을 만나야 하거든."

서운한 얼굴로 바라보던 친구가 말했다.
"평생을 한 번도 빠지지 않고 일요일에 교회를 가다니 대단한 정성이군. 하지만 자네가 다니는 교회라는 곳은 그다지 좋은 곳이 아닌 것 같네."
"그게 무슨 소린가?"
"나는 내가 좋아하는 골프나 등산이나 낚시를 함께 가자고 10년 넘게 자네에게 말하고 있지만 자네는 단 한 번도 나에게 교회에 가자는 말을 안 했으니 말일세. 교회가 그렇게 좋은 곳이라면 왜 나에게 말하지 않았겠는가. 아마도 내가 좋아하는 골프나 등산보다 교회는 그다지 권할 만하지 않는가 보군."

그렇다. 사람들은 자기가 빠져 있는 취미나 그 무엇에는 정말 열심이다. 당구를 처음 배울 때 밤에 잠을 자려고 잠자리에 누우면 천정에 당구대가 그려져 있는 경험을 해 보았을 것이다. 골프를 배우면 동네 골프장에서 레슨을 받고 골프 TV나 인터넷 동영상을 보면서 열심히 연구한다. 그리고 친한 친구들에게 같이 골프를 배우자고 추천한다. 하지만 지인들에게 교회 가자고 전도하기란 쉽지 않은 일인가 보다. 좋은 관계를 유지하고 있는 사람들과 공연히 어색해지면 어떻게 하나 하는 걱정이 앞서기 때문일 것이다.

교회에서 목사님이나 전도부장이 전도하자고 하면 선뜻 용기를 내지 못하는 성도들이 많다. 전도의 입술이 잘 열리지 않고 부담스러운 생각이 든다.

하지만 나의 전도를 기다리는 그 누군가가 있음을 기억하라. 중학생 때의 내가 그랬다. 혼자서는 교회 갈 용기를 못 내고 누군가의 손길을

나는 선교하려고 교회를 개척했다

기다리는 상황이었다. 그러다가 그 마음이 식어 버리곤 했다.

🌸 처음으로 교회 수양회를 가다

고등학교로 진학하고 드디어 교회를 갈 기회가 생겼다. 하나님의 은혜로 고등학교도 미션스쿨로 가게 되었는데 한 친구의 전도를 받고 고1 때 생전 처음으로 교회 여름 수양회에 가게 되었다. (1970-1980년대에는 수련회나 여름 캠프라고 하지 않고 수양회라고 했다.) 누군가의 말처럼 이미 푹 익은 고구마라서 젓가락을 푹 찌르기만 해도 쑥 들어가는 상황이었기에 얼굴도 기억나지 않는 친구의 한마디 말에 교회 수양회를 따라가게 되었다.

교회 수양회는 전혀 새로운 경험이었다. 단 한 곡도 모르지만 신나게 또는 잔잔하게 울려 퍼지는 찬양들에 왠지 모르게 마음이 움직였다. 잘 이해되지 않는 설교, 삼삼오오 모여서 기도하는 모습들, 모든 것이 낯설고 어색했다. 그런데도 이상하게 마음이 편했다. 전혀 생소한 설교 내용이었지만 왠지 마음이 편안했고, 찬송하고 기도하고 예배드리고 하는 것이 좋았다. 처음 가 본 교회 수양회였지만 하늘 아래 이런 세상이 있나 싶게 행복하고 좋았다.

그리고 수양회 마지막 날, 교회 수양회를 처음 간 나는 뜨거운 성령 체험을 하게 되었다. 그리고 그 자리에서 곧바로 서원기도를 올려 드렸다(그 기도가 서원기도라는 것도, 또 서원이라는 말도 나중에 알았다).

"하나님 아버지. 저는 하나님이 너무 좋습니다.
이렇게 좋은 하나님을 왜 이제 알았는지
안타까울 지경입니다.
하나님. 제가 목사가 되겠습니다.
평생 주님 모시고 살고 싶습니다. 도와주세요."

그런데 지금 생각해 봐도 그날 성령에 취해서 너무나 센 기도를 이어 갔다.

"하나님. 제가 혹시 나중에 마음이 변하여
목사가 되겠다는 생각을 바꾸게 될까 겁이 납니다.
그래서 신학교를 안 가고 일반 대학으로 갈까 봐
겁이 납니다.
그렇다 하더라도 내가 세상에 있는 자리에서
하나님께서 강권하셔서 목사의 자리로 옮겨 주세요."

무슨 용기로 그런 무시무시한 기도를 했을까. 오로지 하나님이 주신

나는 선교하려고 교회를 개척했다

마음이었을 것이다. 수양회가 끝나고 성령 충만, 은혜 충만하여 집으로 돌아왔다. 하지만 불교 집안에서 교회를 처음 가 본 고 1짜리 학생의 말을 지지해 줄 가족이 어디 있겠는가? 결국 신학대학은 못 가고 가난한 집안 형편에 빨리 돈을 벌 수 있는 교대로 진학하게 되었다.

신학교를 가지 못하고 교사가 되다

원치 않는 교사 생활이었지만 나름대로 기쁨도 있었고 인정도 받았다. 아이들이 나를 향해 "선생님~" 하고 부르는 소리는 마치 음악 소리 같았다. 오죽했으면 여름방학, 겨울방학이 싫을 정도로 아이들을 사랑했다. 시골 학교에서 하모니카를 가르치고, 시와 노래를 가르치고, 아이들이 쓴 글을 모아서 문집을 만들고, 퇴근하고는 미꾸라지를 잡으러 가서 라면도 끓여 먹고 하던 일들은 교직 생활의 너무나 아름다운 추억이었다.

교직 생활 중에 미국 유학(영어 교육 석사전공)도 다녀오고, 남들보다 적어도 10년은 빠르게 장학사나 교장·교감으로 승진할 수도 있었다. 도 교육청에 파견근무까지 하며 다들 최연소 장학사가 될 것으로 생각했다.

하지만 내 마음속에는 어릴 적 서원기도를 갚아야 한다는 하나님께

빚진 마음과 부담감이 늘 자리 잡고 있었다.

> *교육계에야 나보다 더 훌륭한 선생님들이 많고 많으니*
> *나는 하나님께 내 삶을 드리기로 작정했다.*

그래서 직장을 다니면서 신학 공부를 하고 주말에 파트로 전도사 사역을 했다. 그 후 강도사를 거쳐 목사 안수를 받고 나니 더 이상 머뭇거릴 수 없었다.

교직 생활을 그만두려고 하는 고민을 주변 동료들과 상담하면 나를 알고 있는 대부분의 사람들은 다시 생각해 보라며 말렸다. 아직도 10년 더 안정된 직장에서 근무할 수 있는데 왜 그만두느냐는 것이 가장 큰 이유였다. 이제 갓 대학에 들어간 두 자녀와 아내를 생각하면 가장으로서 직장을 그만두는 것은 얼토당토않은 일이었다. 앞으로도 교육에 자녀 결혼까지 시키려면 큰돈 들어갈 일만 남았는데 직장을 관두다니.

한 집안의 가장이 경제권을 내려놓겠다고 하는데 만류하는 것은 너무나 당연했다. 그동안 직장 생활을 하며 사랑스런 학생들과 좋은 동료 교사들을 만난 것이 사실이었다. 그리고 그들이 나를 아끼고 사랑하는 마음으로 충고했다는 것을 잘 알고 있다.

하지만 내 마음속에는 늘 채워지지 않는 그 무엇인가가 있었다. 내

나는 선교하려고 교회를 개척했다

가 맡은 아이들이 내게 주는 행복한 싱그러움과 동료들의 동지애 속에서도 그 빈 마음은 채워지지 않았다. 내 마음속에 울려오는 질문은 바로 이것이었다.

"너는 진정으로 행복하니?
하나님께 서원한 것을 갚지 않고도 인생의 마지막 순간에
'나는 행복한 인생을 살았노라' 말할 수 있겠니?"

지금 행복한가? 만약 행복하다고 느낀다면 무엇 때문인가? 경제적인 안정감인가, 직장이 주는 울타리인가 아니면 일 자체가 주는 기쁨인가? 이 세 가지가 물론 다 맞는 대답일 것이다. 하지만 이 세 가지를 다 합해도 뭔가 채워지지 않는 부족함이 있었다.

교사로서의 초년병 시절을 떠올려 보았다. 처음부터 나는 이상하게도 공부 잘하고 모범적인 아이들보다는 성적도 떨어지고 가정 형편이 조금은 불우한 아이들에게 마음이 더 쓰였다. 가정도 부유하고 자기 앞가림 잘하는 아이들이야 내 손길이 덜 필요하겠지만, 말썽꾸러기에 공부도 못하고 가정 형편도 불우한 아이들이 내 눈을 더 사로잡았던 것이 사실이다.

그러던 어느 날, 우연히 틀었던 TV 다큐멘터리 프로그램이 내 마음에 강하게 들어왔다. TV 화면에는 채석장에서 돌 깨는 아프리카의 어린 아이들이 있었다. 그 아이들은 아장아장 걷기 시작하면서부터 채석장에서 형과 누나들을 따라 놀러 나오고, 자연스럽게 돌을 깨고 돌을 나르는 일을 하게 된다. 학교도 가지 못한 채 돌을 깨다 보니 글도 배우지 못하게 되고 평생을 돌 깨는 일을 할 수밖에 없는 아이들을 보며 가슴이 아팠다. 더군다나 돌을 깨다가 파편에 실명하는 아이까지 있었다. 그 프로그램을 보고 나서 며칠 동안 그 장면이 가슴 속을 떠나지 않았다.

> *"내가 가르치는 아이들은 저 아이들에 비해서*
> *얼마나 행복한가.*
> *채석장에서, 쓰레기 더미에서, 노동의 현장에서,*
> *가난해서 학교를 갈 수 없는 아이들을 위해*
> *공부를 가르쳐 주고 주님의 사랑을 전하고*
> *하나님의 사람으로 성장하게 하고 싶다."*

17세에 주님의 종이 되겠다고 서원했던 일을 떠올려 보았다. 원하던 대로 신학대학을 가지 못하고 가난한 집안 형편으로 인해 교사가 되었지만 더 이상은 파트타임 사역자로 머무를 수는 없었다. 모세는 120세까지 살았기에 80세에 부름 받아도 40년의 시간 동안 사역했지만 나는 120세까지 살기는 힘들지 않은가? 주님께서 나에게 주신 인생의 시간

나는 선교하려고 교회를 개척했다

이 모세처럼 그렇게 길지는 않을 것이다. 그래서 더 늦기 전에 전임 사역의 길로 달려가기로 하고 명퇴를 신청했다.

🌸 제2의 인생을 위해 명퇴를 하다

인간의 삶이 처음 30년은 미래를 위해 준비하는 교육의 시간이고, 그 후 30년이 가족과 자신을 위해 돈을 버는 시간이었다면, 앞으로의 30년은 가장 의미 있고 행복한 시간이 되었으면 좋겠다. 그 시간이 주님과 동행하며 주님을 위해 헌신하는 시간이라면 더더욱 보람 있고 감사하지 않을까.

"주님께서 주신 한 번밖에 없는 인생을
진정 소풍처럼 행복하게 살 수는 없을까?"

좀 더 많이 가지려고, 좀 더 영향력을 끼치려고, 교장교감이 되기 위한 승진 점수 따는 데만 혈안이 되어 있고, 좀 더 높은 자리에 오르려고 키 재기만 죽어라고 하다가 가는 그런 인생 말고….

소풍처럼 아름다운 인생,
여행처럼 즐거운 인생,

가진 것 비록 적어도 넉넉하게 나누어 주는
행복한 인생을 살아갈 수는 없을까.

가진 것 비록 적어도 넉넉하게 나누어 주는 인생
그런 행복한 인생을 살아갈 수는 없을까.

나는 그 인생의 궁극적인 소풍길을 찾아 떠나기로 했다. 30년 걸어본 직장에서의 길이 순간순간 행복하기는 했지만 내가 찾던 궁극적인 길이 아니었음을 안 이상 실행에 옮기는 일만 남았다. 그저 승진만 머릿속에 두고 평생을 그 길만 걸어가는 것은 내가 찾던 길이 아니었기에 모두의 애정 어린 조언을 뒤로하고 직장을 그만두었다.

두려워하지 말라 내가 너와 함께 함이라
놀라지 말라 나는 네 하나님이 됨이라
내가 너를 굳세게 하리라
참으로 너를 도와 주리라
참으로 나의 의로운 오른손으로
너를 붙들리라(사 41:10)

나는 선교하려고 교회를 개척했다

2장

아프리카로 단기선교를 떠나다

30년간 근무한 교직을 떠나 새로운 길로 발걸음을 내디뎠다. 우선 직장 생활을 하느라 하지 못했던 YWAM DTS 훈련을 받으러 캐나다로 떠났다. 그리고 DTS 훈련의 마지막 과정인 전도 여행으로 아프리카 단기선교를 떠났다. 캐나다로 간 것은 오로지 전도 여행을 아프리카로 간다는 그 한 가지 이유 때문이었다.

캐나다에 있으면서 아프리카 여행을 준비하는 것은 만만하지 않았다. 간단한 스와힐리어를 배우기도 했고 그 나라 역사와 문화에 대한 오리엔테이션도 DTS 과정의 한 부분이었다. 현지에 가서 찬양할 워십 댄스 배우기는 평생 춤과는 거리가 멀게 살아온 나로서는 참 곤혹스러운 일이었다. 짧은 Skit Drama도 연습하고 3개월간 차곡차곡 아프리카 전도 여행 준비를 했다.

제일 힘든 것 중 하나는 예방주사를 여러 개 맞아야 하는 일이었다. 기본적으로 A형 간염, 장티푸스와 파상풍, 그리고 황열병 예방주사가 필수였다. 그때는 아무 생각 없이 여러 대의 예방주사를 한 번에 맞았으나 지금 생각해 보면 그것도 보통 일이 아니었구나 하는 생각이 들었다.

캐나다에서 이런 예방 주사를 놓는 병원을 어렵사리 찾아서 청년들과 함께 맞으러 갔다. 먼저 청년들이 예방주사를 맞았다. 그런데 의사는 나에게 파상풍 주사는 놓지 않았다. 안 맞아도 된다는 것이었다.

"Mr. Ryu는 나이가 많으니 그 나이 때 어른들은 위생환경이 요즘처럼 좋지 않아서 이미 파상풍에 노출되어 가볍게 경험하고 지났을 확률이 높습니다. 그래서 파상풍은 맞지 않아도 됩니다."

주사 한 가지를 맞지 않아서 기뻐해야 하는 것인지 아니면 비위생적인 환경에서 어릴 적 자랐다는 것에 찜찜해야 할지 모를 일이었다.

예방주사 중에 가장 아픈 것은 황열병 주사였다. 황열병은 모기에 의해 전달되는 바이러스성 질병이다. 매년 아프리카에서 20만 명이 걸려서 그중 3만 명이나 사망하는 무서운 병이다. 그만큼 센 질병이기 때문에 바이러스 생균도 강해서 열 명 중 한두 명은 예방주사를 맞고 나서 일주일 이상 크게 앓게 된다고 했다. 그래서 여행 가기 최소한 열흘 전에 접종해서 이상 여부를 보아야 한다. 실제로 황열병 주사가 부담스러워서 아프리카 여행을 포기하는 사람도 있다고 할 정도로 부작용이 큰 예방주사였다.

또 한 가지 강한 약은 말라리아 예방약이었다. 한국에도 말라리아가 간혹 발병되기는 하는데 아프리카의 말라리아는 더 강력하다고 했다. 처음에는 초기 감기 같은 증상이어서 대수롭지 않게 여기다가 4~5일 지나면 몸 상태가 급속히 나빠지고 심하면 열흘 안에 죽기도 하는 병이 말라리아다. 실제로 아프리카 아이들의 말라리아 사망률은 높다. 3,000원 하는 말라리아 약을 구하지 못해서 죽기도 한다. 아프리카를 방문했을 때 선교사들의 집에는 방마다 모기장은 물론이고 드나드는 대문 입구에도 열었다 닫았다 하는 모기장이 설치되어 있는 곳이 많았다.

열대지방으로 여행 가기 전 2주간 약을 먹어서 말라리아를 예방하기도 한다. 하지만 우리가 간 병원의 의사는 말라리아 약을 먹는 것을 권하지 않았다. 예방약은 독한 약이라서 간에 크게 무리가 간다. 그러니 예방 차원에서 먹기에는 몸에 부담이 많이 간다는 것이었다. 차라리 약을 가지고 가서 걸렸을 때 즉시 먹으면 감기처럼 큰 탈 없이 넘어간다고 했다. 그래서 말라리아 치료약을 필수적으로 가지고 가야 한다.

아프리카로 가기 전에 마지막 주일에 캐나다 교회에 가서 예배를 드렸는데 선교 여행팀을 위해 기도해 주며 아프리카 파송 예배를 해 주었다. 예배 후에 나를 따라 나온 어느 캐나다 성도는 200불을 선교헌금으로 주면서 눈을 동그랗게 뜨고 말했다.

"나는 아프리카로 선교여행 가는 것은 상상도 못 할 일인데 용감하고 놀랍습니다. 나는 말만 들어도 무서운데 대단합니다. 부디 건강하게 잘 다녀오길 기도하겠습니다."

3개월간 준비하고 예방주사까지 맞고 파송 예배도 드리고 나서 사람들의 격려와 우려 속에 드디어 목적지 아프리카를 향해 떠났다. 비행기를 경유하며 25시간, 만 하루를 걸려 도착한 아프리카. 새벽에 탄자니아의 킬리만자로 공항에 도착했다.

🌸 아프리카에 도착하다

조용필의 노래 〈킬리만자로의 표범〉으로 잘 알려진 킬리만자로. 그래서 그런지 내가 갔을 때는 BTS가 나오기 전인데도 한국인들을 잘 알았다. 특히 탄자니아 정부에서 조용필에게 감사패와 문화훈장을 전했다고 한다. 노래 덕분에 자기 나라를 널리 알려 주고 많은 한국인 관광객이 오게 되었으니 그럴 만도 했다.

이름은 킬리만자로 공항이지만 실제로 공항에서 킬리만자로산까지는 열 시간 가까이 가야 할 만큼 먼 거리다. 킬리만자로는 생각보다 높

나는 선교하려고 교회를 개척했다

고 만만하지 않은 산이라서 산 정상인 우후루피크(5,895m)에 오르다가는 고산병에 걸리기도 하기 때문에 웬만한 사람들은 트래킹 코스만 다녀온다고 했다.

새벽 3시쯤 킬리만자로 공항에 도착했는데 우리를 맞이하는 사람들이 있었다. 얼굴도 모르는 탄자니아 청년들이었다. 우리를 보더니 반갑게 인사하고 우리들의 짐을 받아서 전세 버스에 싣는 것이었다. 알고 봤더니 그들은 여행객들의 짐을 게이트에서 버스까지 실어 주고 팁을 받는 알바생들이었다. 단 1달러의 팁을 위해 그들은 새벽에도 밤잠을 자지 않고 기다린 것이다. 마치 우리나라가 6·25 전쟁 이후에 미군들 구두를 닦아 주는 슈 샤인 보이(shoes shine boy)들 같았다. 미군들이 보이면 껌이나 초콜릿 등을 얻으러 졸졸 따라다니던 아이들도 많았는데 그 비슷한 모습을 70년이 지난 후 멀리 아프리카에 와서 보게 된 것이다.

새벽에 도착해서 게스트 하우스에 짐을 내리고 잠깐 쉰 다음 아침을 맞이했다. 선교사가 가져온 아침식사는 바나나, 망고, 식빵, 잼 그리고 우유였다. 나는 여기서 별미를 발견했다. 바로 몽키 바나나를 불에 익혀서 먹는 것이었는데 정말 새롭고 달콤한 것이 꿀맛이었다.

아침을 먹은 후 24시간이 넘는 장거리 비행의 여독을 풀 겨를도 없이 곧바로 선교를 시작했다. 새벽에는 몰랐는데 해가 뜨니 드디어 아프리카구나 하는 것을 실감할 수 있었다. 40도도 넘게 느껴지는 아프리카의 햇살. 한국과는 비교할 수 없는 무더위 속에서 먼지를 잔뜩 뒤집어쓰고 선교활동을 했다.

창밖으로는 우리나라 50년대 같은 풍경이 보이지만 그곳에도 코카콜라 간판이 있었고, Motorola나 AT&T 같은 휴대전화 대리점도 있었다. 특이한 것은 생각보다 미용실이 많다는 것이었다. 아마도 짧고 억센 아프리카의 머릿결을 다듬어 레게머리 같은 모양을 내기 위해 미용실에 가는 것 같았다. 아프리카의 첫 인상을 한 줄로 말하면 다음과 같다.

> *"아프리카는 식인종이 산다는*
> *무시무시한 미지의 땅으로 생각했는데*
> *여기도 우리와 똑같은*
> *주님의 자녀들이 살고 있는 곳이었구나."*

오직 성령이 너희에게 임하시면 너희가 권능을 받고 예루살렘과 온 유대와 사마리아와 땅 끝까지 이르러 내 증인이 되리라 하시니라(행 1:8)

나는 선교하려고 교회를 개척했다

토론토 공항에서 아프리카행 비행기를 기다리며

3장

서로 사랑함으로 천국을 경험하다

탄자니아 신기다 지역의 현지인 교회 주일 예배에 참석했다. 어린이 담당 설교자가 설교를 하고 있을 때였다. 설교를 듣고 있는 내 손을 누가 건드리는 느낌이 나서 아래를 보니 어린 꼬마 아이가 내 손을 잡으려고 했다. 낯선 동양인이 어린이의 눈에는 무섭기도 할 텐데 그 아이는 정에 굶주렸나 보다. 내 새끼손가락이라도 잡고 싶었던 것일까? 나는 아이를 번쩍 들어서 설교 끝날 때까지 가슴에 안고 있었다. 아이의 행복해하는 얼굴이 지금도 눈에 선하다.

보통의 경우 외국인들에게는 특유의 냄새가 나게 마련이다. 우리에게는 김치와 마늘 냄새가 날 것이고, 미국인들에게는 치즈 냄새가 난다. 인도인에게는 향신료 냄새가 난다. 그런데 신기하게도 그날 나는 아프리카 아이에게서 아무런 냄새도 맡지 못했다. 아이 역시 나에게서 김치 냄새와 마늘 냄새를 맡지 못했는지 행복해하며 내 품에 안겨 있었다.

나는 선교하려고 교회를 개척했다

또 다른 현지인 교회에 갔을 때였다. 역시 어린 남자아이 하나가 처음부터 나를 쳐다보고 있었다. 그래서 손을 내밀었더니 쭈뼛쭈뼛 다가왔다. 처음 보는 낯선 외국인에게 선뜻 다가오지 못하고 주변에서만 맴돌다가도, 작은 관심을 보여주면 비로소 아이들이 다가오게 된다. 나에게 마음을 열고 다가온 그 아이를 무릎에 앉혀 놓고 설교를 듣고 공과 공부를 했다. 낯선 이방인에게 마음을 열기가 쉽지 않았을 텐데 그 아이 역시 공과 공부가 끝나고 나서도 내 무릎에서 내려가려고 하지를 않았다.

과연 이 아이는 이렇게 부모님의 무릎에 앉아서
어리광을 부려 봤을까?

사랑에, 정에 굶주린 것처럼 느껴진 아이들을 보면서 가슴이 많이 아팠다. 나의 작은 손내밈에도 선뜻 다가와서 내 손을 잡고 내 무릎에 앉아 설교를 듣던 아이들의 따스한 온기가 아직도 내 가슴에 남아 있다.

어느 날 선교를 마치고 숙소로 돌아와서 그날에 일어났던 일들과 받은 은혜들을 나누었다. 한 자매가 갑자기 울음을 터뜨렸다. 우리는 혹시 말라리아에 걸려서 아픈 것은 아닌지 걱정스런 얼굴로 그 자매를 바라보았다. 그런데 자매는 뜻밖의 말을 했다.

"한국에 있을 때는 내가 못 가지고 못 누리는 것에 대해서만
불평불만을 가지고 살아왔는데 여기 와서 보니
이렇게 가난한 사람들도 너무나 잘 웃고 밝은 모습으로 살아가서
내가 그동안 잘못 살아온 것이 너무나 부끄러워서 눈물이 납니다."

그렇다. 한국에서의 생활은 비교의식 속에서 살아가는 삶이었고 남들보다 더 많이 가지겠다는 성취와 경쟁으로 살아가는 생활이었다. 그 경쟁은 승리자가 없다. 원하는 만큼 성취했다고 느끼는 순간, 나보다 더 많이 누리고 있는 누군가가 보이고, 지금 이뤄 놓은 성취는 작아 보여서 다시 더 많이 가지려고 다람쥐 쳇바퀴 돌듯이 달려가는 인생이었다. 비교의식 속에서 만족이란 존재하지 않는다. 늘 빈곤감을 느낄 수밖에 없는 인생이었다.

지금으로부터 30년도 넘은 이야기다. 강남의 대형 교회에 아주 친한 두 집사님이 있었다. 같은 구역원으로 매일같이 큐티를 나누고 은혜받은 감동을 나누는 사이였다. 남편의 직장과 벌이 수준도 비슷하고 자녀들도 공부를 잘해 두 집사님은 친자매처럼 지냈다. 어느 날, 아파트 베란다에서 빨래를 널다가 고급 승용차 한 대가 들어오는 것을 발견했다. '못 보던 차인데?' 하고 생각하며 자기도 모르게 잠시 바라보는데 친구 집사의 남편이 차에서 내렸다. '어제 자기 남편이 새 차를 샀다더니 저 비싼 외제 차를 샀구나.'

나는 선교하려고 교회를 개척했다

여집사님은 갑자기 자기 남편의 차가 똥차같이 느껴졌다. 그 차 역시 국산 차로는 제일 비싼 차였는데도 말이다. 퇴근하고 돌아온 남편을 닦달했다. '우리가 뭐가 못나서 앞집은 외제 차를 타는데 우리는 못 타냐. 당장 가서 외제 차를 사와라. 나는 지고는 못 산다.'

비교의식은 사람의 마음을 상하게 하는데 선교 기간 동안에 만난 아프리카 사람들은 비교의식이 없었다. 다 같이 어렵게 살기 때문일까? 나도 어린 시절 못 살았지만 불행하다고 느낀 적은 없었다. 다 못살던 시절이었으니까.

카타콤 지하 묘지에 이런 글이 있다고 한다.

"우리는 서로 사랑함으로 천국을 경험한다."

핍박을 받아 죽음의 상징인 지하 묘지에 숨어 살면서도 천국을 경험하는 그들에 비해, 넉넉히 가지고 있으면서도 더 못 가져 안달이 나서 지옥을 경험하는 오늘날의 우리들이 아니기를 기도해 본다.

> 여호와가 너를 항상 인도하여 메마른 곳에서도 네 영혼을 만족하게 하며
> 네 뼈를 견고하게 하리니 너는 물댄 동산 같겠고
> 물이 끊이지 아니하는 샘같을 것이라(사 58:11)

탄자니아에서 아이들과 같이 야외예배를 드리며

내 무릎을 떠나지 않고 붙어 있던 아이

4장

마사이 마을에서 하나님을 찬양하다

내가 아프리카를 처음 접한 것은 초등학교도 들어가기 전이었다. 집에 《김찬삼의 세계여행》이라는 책이 있었는데 그 전집을 즐겨 읽었다. 흑백 사진들로만 이루어진 책들이었는데 거기서 만난 아프리카 원주민들의 사진은 무서워 보였다. 창이나 화살을 들고 서 있는 모습, 혀나 귀에 바늘을 꽂고 있는 얼굴들이 꼭 나를 노려보는 것 같아 무서워했던 기억이 있다. (그래서 어린 마음에 '내가 커서 여행을 가더라도 무시무시한 아프리카로는 절대 안 가야지.' 하는 생각을 했었다.) 이 생각은 고등학생이 되어서 바뀌었다. 그 당시 〈부시맨〉이라는 영화가 나왔는데 영화에서 접한 아프리카 원주민은 책에서 만난 무서운 이미지와는 전혀 다른 친근하고 재미있는 이미지를 보여 주었다.

그리고 '마사이 워킹화'라는 신발이 나오면서 처음으로 마사이라는 부족 이름을 알게 되었다. 아프리카 원주민 사진들 중에 붉은색 체크

무늬의 망토를 걸치고 서 있는 사진들이 많이 있다. 바로 그 사람들이 마사이 부족이다. 마사이 부족은 키가 크고 용맹한 부족이다.

아프리카에서는 세력 확장이나 물 부족 문제로 인해 부족 간에 자주 다툼이 일어난다고 하는데 마사이는 전쟁을 잘하는 부족이라고 했다. 그중 블랙 마사이라고 불리는 젊은 마사이들은 마사이족 중에서도 용감하기로 유명해서 사자를 사냥할 정도라고 한다. 길을 가다가 블랙 마사이들을 본 적이 있다. 검은 얼굴에 용맹함을 상징하는 하얀 칠을 한 모습으로 지나가는 우리 버스를 바라보았는데 대낮에도 그 모습과 눈동자가 섬뜩할 정도였다.

어릴 적 추억 속의 마사이족 마을을 방문하게 되었다. 마사이 부족을 방문하려면 우선 마사이 부족의 추장 허락이 있어야 한다. 어떨 때는 쉽게 허락이 떨어지고 어떨 때는 허락을 안 해 줘서 방문하지 못하는 선교팀들도 있다고 했다. 게다가 허락을 해 주더라도 마사이 부족의 추장에게 선물을 들고 가서 그의 마음에 흡족함이 있어야 마을 안으로 들어갈 수 있다. 혹시라도 추장의 비위를 거슬러서 선교를 하지 못할까 봐 염려하면서 마사이 부족의 동네에 도착했다.

추장은 동네 울타리 앞에 있었다. 마사이족은 어린 사람들이 어른을 보면 머리를 내밀면서 '시카무'라고 인사한다. 그러면 어른은 '마라하바'라면서 어린 사람이 내민 머리를 쓰다듬어 준다. 추장이 서 있는 것

나는 선교하려고 교회를 개척했다

을 보고 청년들이 '시카무' 하자 추장은 웃으면서 '마라하바'라며 정말로 머리를 쓰다듬어 줬다.

그런데 내 차례가 되자 좀 난감했다. 어쩌면 나보다 나이가 어린 듯이 보이는 추장에게 머리를 내밀어야 하나 말아야 하나 잠깐 고민했다. 그러다가 '나 때문에 추장이 기분 나빠서 우리가 마을을 들어가지 못하는 것 아니야?' 하는 생각에 할 수 없이 머리를 내밀었다. 그런데 추장이 화들짝 놀라며 마치 '아이고 형님, 왜 그러십니까?' 하는 느낌으로 두 손을 저으며 머리를 내밀지 말라고 했다. 그리고 악수를 청해서 기분 좋게 악수를 나눴다. 추장도 동방예의지국에서 온 손님을 나이에 맞게 대접해 주는 모습이 너무나 웃겼다.

추장은 우리 일행을 아주 호의적으로 맞이해 주었다. 우리를 손님으로 환대해 주어서 마을 안으로 들어갔다. 마을에 들어서자 놀고 있던 아이들이 이상한 방문자를 바라보면서 걸어 왔다. 애들이 놀라면 어쩌나 생각하고 있는데 갑자기 모든 아이들이 나에게 머리를 들이밀며 '시카무'라고 하는 것이 아닌가. 나도 빙그레 미소 지으며 '마라하바'라고 대답해 주고 한 명씩 머리를 쓰다듬었다. 아이들의 머리가 밤톨처럼 까끌거렸다. 마치 우리가 어릴 때 10살 내외의 남자 아이들은 모두 까까머리를 깎고 다니던 그 머리 같은 느낌이었다.

마사이족은 '버마'라고 부르는 20~30호 정도의 부락 단위로 살아가는데 전기, 수도 등의 시설은 없고 자연 그대로 살아가고 있었다. 집은 흙벽인 것처럼 보이는데 실제로는 소똥을 굳혀서 진흙을 발라서 집을 짓는다고 했다. 지붕은 초가로 엮어 놓았는데 마치 청동기 시대로 돌아온 것 같은 느낌을 받았다.

그런데 추장은 역시 달랐다. 문명의 이기를 사용하고 있었다. 우리가 방문한 추장은 33개의 '버마'를 다스린다고 자랑했다. 그 추장의 손에 핸드폰이 있어서 깜짝 놀랐다. 외부에서 우리처럼 방문할 때 선교사가 이 핸드폰으로 연락을 취한다고 했다. 그리고 추장은 오토바이를 갖고 있었다. 신석기로 돌아온 것 같은 환경에서 오토바이라니. 하루에도 여러 개의 '버마'를 방문하면서 관리하려면 오토바이가 필요하다는 것이 이해가 되었지만 처음 들을 때는 놀랍게 여겨졌다.

외부와는 단절되어 문명과 동떨어지게 살던 마사이족 중에서도 점점 외부문화가 들어와서 학교 교육을 받고 싶어 하는 사람들이 있는데 그럴 경우 마사이족 공동체에서 완전히 추방된다고 한다. 그럼에도 불구하고 교육받는 아이들의 숫자가 늘고 있다. 학교에 다니는 것도 이렇게 저항을 받는데 복음을 받아들이는 것은 얼마나 더 힘들까 생각되었다. 마사이 부족에 거주하면서 학교를 통학하면 아무리 학교에서 기독교 교육을 받아도 복음을 받아들이기 힘들 것이고, 집을 떠나서 크리스천 기숙학교에 다니는 경우는 훨씬 용이할 것이다. 그래서 미국과 영국, 한국 선교사들이 학교를 많이 지어서 교육도 하고 복음 전파의 사명을 감당하고 있는 것이다.

나는 선교하려고 교회를 개척했다

만약 추장 한 명의 의식이 달라진다면 최소한 그가 다스리는 '버마' 전체에 영향을 주게 된다. 내가 방문한 '버마'도 아직은 학교를 안 보내고 있지만 만약 추장의 결단만 있으면 33개에 달하는 '버마'의 아이들이 학교를 갈 수 있는 것이다. 만약 그가 기독교를 받아들인다면 그 파급력은 너무나 클 것이다. 그런 마음의 소망을 갖고 그날 마사이 부족의 '버마'에서 하나님을 찬양했다.

우리가 가져간 선물(과자와 음료수 등)이 마음에 들었는지 추장은 모든 것에 허용적이었다. 심지어 워십 댄스를 하겠다고 하는데 허락을 했다.

"좋으신 하나님 인자와 자비 영원히~
주 경배해 할렐루야 할렐루야"

가져간 소형 스피커를 연결해서 지난 두 달간 준비한 워십 댄스를 했더니 동네 사람들이 다 몰려와서 구경했다. 추장도 흥이 났는지 일어나더니 '할렐루야 할렐루야' 부분에서 빙글 돌면서 춤을 따라 췄다. 얼마나 짜릿했는지 모른다. 아프리카 오지에서, 그것도 호전적인 마사이 부족의 전통 '버마'에서 하나님을 찬양하다니! 게다가 추장도 같이 춤을 추다니!

더 놀라운 것은 선교사가 이들에게 기도해 줘도 되겠냐고 물어보는 것이었다. 혹시라도 지금까지 좋은 분위기를 다 망치고 갑자기 추장이 돌변해서 나가라고 하면 어쩌나 하는 걱정이 순간적으로 들었다. 또는 창과 칼을 들고 와서 우리를 다 잡아 가두면 어쩌나 하는 생각도 들었다. 하지만 추장은 놀랍게도 기도해 주겠다는 요청도 받아들이고 고개를 숙였다. 추장은 영어를 할 줄 아니까 우리들의 기도 내용을 어느 정도 알아들었을 것이다. 물론 그 기도 가운데 축복의 내용을 듣고 싶어서 고개를 숙였겠지만 마사이족들이 문명을 받아들이고 복음을 받아들일 날도 멀지 않았으리라 믿어 의심치 않는다.

> 누구든지 주의 이름을 부르는 자는
> 구원을 받으리라(행 2:21)

나는 선교하려고 교회를 개척했다

워십 공연을 즐거워하는 사람들

좋으신 하나님 인자와 자비 영원히

마사이 부족들에게 축복 기도하는 장면

5장

마사이 초등학교 사역

캐나다에서 25시간 걸려 탄자니아 킬리만자로에 도착해서 '아루샤'라는 지역에서 봉사활동을 하며 여러 날을 보내다가 다시 6시간 걸려서 '신기다'라는 지역으로 이동해서 계속 봉사활동을 했다.

다음 목적지인 케냐로 가려면 10시간에 걸려서 국경으로 이동한다. 그러다보니 한국에 돌아가면 5시간 걸리는 서울 부산 정도는 가까운 거리일 것 같다.

이곳은 너무나 광활해서 어딜 가나 탁 트인 경치가 펼쳐져 있는데 대여섯 살쯤 되어 보이는 아이가 막대기 하나만 들고 수십 마리의 소 떼를 몰고 다니며 풀을 먹이는 광경을 흔하게 볼 수 있다. 남자 아이들은 주로 소를 몰고, 여자 아이들은 어린 동생들을 돌본다고 한다.

한 학기에 삼만 원 정도의 등록금이 없어서 대부분 학교를 다니지

나는 선교하려고 교회를 개척했다

못한다. 학교를 방문할 때마다 수많은 아이들이 쏟아져 나오는데 학교를 다닐 수 있는 아이들은 여기선 매우 부유한 아이들이다. 왜냐하면 3,000원 하는 말라리아 약을 못 사서 죽는 사람들도 많기 때문이다. 말라리아 약과 모기장만 있으면 생명을 구할 수 있을 텐데 너무나 안타까운 일들이 흔하게 일어나고 있다.

현지인 초등학교를 방문했다. 학교를 찾아가는 길은 험난했다. 어디나 비포장도로이지만 울퉁불퉁한 길을 달리게 되니 흙먼지는 더 많이 날리고 차의 속도도 빠르게 나아가지는 못했다.

"지금 찾아가는 학교 이름은 엔키카렛 초등학교입니다. 엔키카렛은 스와힐리어로 '가시'라는 뜻입니다. 길바닥에 보면 가시 잡초들이 여기저기 나 있는 것 보이시죠? 이 가시들은 얼마나 억센지 자동차 타이어도 펑크가 납니다. 마치 이불 바느질할 때의 바늘만큼이나 억세기 때문에 가시를 피해 조심스럽게 운전하느라 속도를 내지 못하는 것입니다."

선교사의 말을 듣고서야 왜 그렇게 서행운전을 하는지 알게 되었다. 가시 잡초 덩굴이 많이 있으니 땅을 평평하게 해서 길을 만드는 것이 어려울 것이고 그래서 이 지역은 더더욱 흙먼지가 많이 날리는 길이었다.

"원주민 아이들은 신발도 없이 다니다가 가시에 찔려 발바닥이 찢어지는 경우가 많습니다."

우리가 어릴 적에 모래더미에서 놀고 흙바닥에서 공기놀이도 하면서 놀았다. 공기놀이를 하다가 손가락이 모래에 쓸려서 상처가 나는 경우가 많았는데 그러다가 파상풍에 걸리기도 했다. 엔키카렛 아이들도 가시에 찔려 피도 나고 파상풍에도 걸린다고 했다.

구불구불 험난한 길을 지나 학교에 도착했다. 수십 년이 된 학교인데도 겉으로 보기에는 건물이 좋아 보였다, 아이들도 교복을 입고 있으니 그동안 길거리와 동네에서 보았던 아이들에 비해 훨씬 깔끔했다. 아이들이 너무나 구김살 없고 순박했다. 우리가 방문하자 아이들이 구름떼처럼 몰려왔다. 내가 이 아이들만 했던 1970년대 어린 시절이 생각났다. 그때는 하얀 얼굴의 외국인이라도 나타나면 동네에 소문이 나서 다들 구경하러 몰려갔다. 그때 외국인은 다 미국인인 줄만 알았다. 어쩌면 그렇게 코가 크던지 아직도 그 외국인의 얼굴이 생생하다. 아마 아프리카 아이들도 자기들과 다른 우리들의 모습에 신기했으리라.

운동장에서는 바람이 부니 괜찮았는데 교실에 들어가자 아이들의 몸에서 나는 냄새와 후끈한 열기 때문에 잠시 어지러웠다. 선뜻 교실로 들어가기가 힘들어서 일부러 문을 열고 밖에서 '헬로' 하면서 인사한 후에 교실 안으로 들어갔다.

나는 선교하려고 교회를 개척했다

그런데 후각은 금방 적응이 되는 편리한 기관이다. 한 5분쯤 지나자 냄새가 나지 않더니 어느새 아이들을 업어 주고 내 등에 매달리는 아이들을 태우고 다니고 있었다. 아이들은 손으로 하이파이브만 해도 얼마나 좋아하는지 웃음이 끊이지 않는 모습이 정말 사랑스럽다.

 아이들에게 노래도 가르치고 무용도 가르치고 있는데 어느새 쉬는 시간이 되었나 보다. 갑자기 복도가 캄캄해지면서 옆 반 아이들 수십 명이 창문에 매달려서 우리를 들여다보고 있었다. 선생님이 나가서 아프리카 말로 뭐라고 소리치자 아이들은 삽시간에 도망쳐서 사라지더니 1분도 안 되어 다시 나타나 창문에 매달렸다. 쉬는 시간 내내 도망갔다가 다시 오고를 반복하는데 그 모습조차 참 귀엽고 사랑스러웠다.

 나에게도 기회가 온다면 여기서 평생을 살며 교육하고 나무 심고 집지어 주고 하나님을 가르치면서 지낸다면 행복하겠다는 생각이 들었다. 100여 년 전에도 미국, 캐나다, 영국 등에서 파란 눈의 선교사들이 조선에 들어와서 이화학당, 배재학당, 세브란스 병원 등을 세우고 우리나라를 도와주었는데 지금 동남아나 아프리카, 남미 등에서 누군가의 손길이 필요한 곳이 너무나 많다. 물론 이미 여러 NGO 단체에서 구호의 손길을 펼치고 있지만 그래도 여전히 굶어 죽는 아이들, 말라리아 치료약을 못 먹고 죽는 아이들이 너무 많은 실정이다.

내가 손이 닿는 곳부터라도 돕고 먹이고 씻기고 가르치며 살면 얼마나 좋을까. 이 해맑게 웃고 있는 아이들의 웃음을 한 명이라도 더 지켜주고 싶다. 그게 주님이 나에게 주신 부담감이다. 햇살이 내리쬐는 학교에는 아이들의 생명력이 넘치고 있었지만 내 속에는 뭔가 모를 울적함과 선교에 대한 사명감이 솟아오르는 하루였다.

> 임금이 대답하여 이르시되 내가 진실로 너희에게 이르노니
> 너희가 여기 내 형제 중에 지극히 작은 자 하나에게 한 것이
> 곧 내게 한 것이니라 하시고(마 25:40)

나는 선교하려고 교회를 개척했다

엔키카렛 초등학교

뉴비전 스쿨

6장

웨웨니 음렘보

아프리카에서 사역하면서 망고나무 묘목 심는 일을 도와준 적이 있었다. 이곳은 배우 조인성이 밀알복지재단에 5억 원을 기부해서 세워진 학교였다. 유치원 3개 교실, 초등학교 5개 교실로 되어 있는데 아프리카라고는 믿기 힘들 정도로 깨끗하고 예쁜 학교였다. 이 학교의 뒷마당에는 망고 묘목이 즐비하게 놓여 있었다. 거기서 망고 묘목을 재배해서 근처 비어 있는 땅들에 심기도 하고 판매도 하고 인근 주민들에게 나누어 주기도 한다고 했다.

묘목을 심는 농장에서의 하루는 일찍 시작된다. 해가 뜨면 바로 무더워지기 때문에 해뜨기 전 여명부터 일을 한다. 그리고 아침 10시쯤되면 일을 멈추고 나무 그늘 아래에서 쉬다가 태양의 열기가 잦아드는 오후 5시쯤 되면 다시 일을 해서 어둡기 전에 마무리를 하곤 했다. 그래서 얼핏 보기에는 아프리카 사람들이 게으르고 일을 많이 안 하는

나는 선교하려고 교회를 개척했다

것 같지만 무더운 태양열을 이겨 나가는 그들만의 생활방식이었다. 아침 10시 반이 넘으면 아프리카의 태양이 너무 뜨겁기 때문에 현지인들도 일을 잘 안 하지만 그래도 아프리카까지 왔으니 무더위를 참고 오후 1시까지 망고나무를 심었다. 모두들 얼굴은 벌겋게 익고 몸은 피곤했지만 마음만은 너무나 행복했다.

아프리카 여인들의 순박함이 참 좋았다. 그들은 작은 일에도 웃고 감사해하는 마음을 갖고 있었다. 그들로서는 망고나무 농장에서 일하게 된 것만으로도 행운이고 감사가 넘치는 일이었다. 잘 못하는 스와힐리어로 떠듬떠듬 대화하며 웃으며 망고나무를 심었다. "웨웨니 음렘보"(You are beautiful)라고 말해 주었더니 까르르 웃으며 너무 좋아했다. 역시 여자는 어디서나 예쁘다는 말을 좋아하는 것일까?

망고나무 농장에 일하러 온 많은 가정이 싱글맘들이었다. 결혼식도 못 올리고 사실혼으로 살아가는 그들인데 어느 날 갑자기 남편이 집에 안 들어오면 그걸로 끝인 경우가 많다. 옆 마을에 가서 다른 여자랑 살림을 차리는 일이 다반사라고 했다. 아이는 서너 명씩 낳았는데 남편이 없어 돈을 벌어 오는 사람이 없으니 그 가정들은 극빈자로 살아갈 수밖에 없다. 그래서 일할 수 있는 농장은 그들에게는 큰 도움이 된다.

그 사실을 알고 나니 마음이 먹먹했다. 남편도 없는 여인들. 설령 남편이 있어도 알코올 중독자인 경우도 많고 가부장적 체제 속에서 과연 남편에게 사랑한다는 말을 얼마나 듣고 살고 있을까? 하는 생각에 또한 번 울컥했다. 그래서 함께 있는 시간만이라도 많이 격려해 주고 칭찬해 주고 함께 웃어야겠다고 생각했다.

🌸 스와힐리어를 배우다

그 일 이후로 본격적으로 스와힐리어를 배우기로 마음먹었다. 스와힐리어는 아프리카 남동부 지역의 여러 나라에서 공용어로 쓰는 언어다. 그들은 자신의 부족언어와 스와힐리어, 그리고 영어를 학교에서 배운다. 디즈니 만화영화 라이언 킹의 주인공 '심바'는 스와힐리어로 '사자'라는 뜻이다. '품바'는 멍청이라는 뜻이고 '하쿠나마타타'는 스와힐리어로 '다 잘될 거야'라는 뜻이다.

하루 5문장씩 스와힐리어를 배워 나갔다. 사람들과 '잠보' 하면서 '안녕하세요'라고 인사한다. 아침 인사는 '하바리자 아수부히', 점심 인사는 '하바리자 음차나' 저녁 인사는 '하바리자 지오니'. '내 이름은 유동효입니다.'는 '지나 랑구니 유동효'라고 하면 된다.

처음에는 일상용어를 배워 나가다가 '아, 이 나라 사람들에게 스와힐리어로 설교하면 참 좋겠다'는 생각이 들어서 그다음부터는 아예 설교

나는 선교하려고 교회를 개척했다

문을 써서 설교 맞춤형 문장을 하루에 5문장씩 배워 나갔다. 특별히 누구에게 배운 것이 아니라 만나는 모든 사람에게 스와힐리어를 배웠다.

"하나님은 당신을 축복하십니다." "Mungu akubariki."
(뭉구 아쿠바리키)
"예수님은 당신을 사랑하십니다." "Yesu anakupenda"
(예수 아나쿠펜다)

아침에 제일 먼저 만나는 사람에게 영어로 묻고 싶은 문장 5개를 물어보면 스와힐리어로 대답해 준다. 그러면 그 문장을 그날 하루 종일 만나는 모든 사람들에게 실습을 했다. 하루에 20~30번씩 똑같은 문장을 쓰니 자연스럽게 외워졌다.

자기들이 쓰는 스와힐리어로 인사하고 다가가니 다들 너무 좋아했다. 게다가 설교문의 문장들을 스와힐리어로 어떻게 말하는지 물어보고 대화하니 자연스럽게 전도도 되고 신앙적인 대화도 나누는 일석이조의 효과를 보게 되었다.

한 달이 지나자 150문장을 배우고 외워서 설교할 때 사용하였다. 아예 처음부터 설교하려는 목적으로 언어를 배우니 더 빨리 배우고 철저히 연습한 것 같다. 150문장을 익히던 중간중간에 찬송가와 복음성가도 스와힐리어로 배웠다. 탄자니아와 케냐 고유의 복음성가도 익히고

〈주 하나님 지으신 모든 세계〉 찬송가도 외웠다.

음악은 너무나 좋은 도구라서 스와힐리어로 찬송가를 부르면 다 따라 불렀다. 외국인이 인도하는 예배는 가만히 앉아서 듣고만 있을 수밖에 없다. 그런데 스와힐리어로 찬양하니 흥이 많은 민족인지라 일어나서 박수도 치고 춤도 추면서 예배가 매우 역동적으로 변했다.

오바마 대통령의 아버지가 케냐인이어서 오바마가 케냐에 방문했을 때, 연설의 처음에 스와힐리어로 인사해서 큰 호응을 얻은 적이 있다. 알고 봤더니 '니아제 바시'(잘 지내셨나요?)라며 단 한 마디 말했을 뿐인데도 사람들은 너무 좋아했고 세계 토픽에 뉴스로 나올 정도였다. 한 문장으로도 놀랍게 반응하는데, 간단한 한두 마디가 아니라 아예 자기 나라 말로 설교하는 한국인(외국인)을 보면서 그들은 놀라고 호의적인 반응을 보였다.

한국인들이 설교 말씀에 '아멘'이라고 응답하는 것처럼 그들도 내 설교에 '아미나'라고 큰 소리로 반응을 해 왔다. 다만 내가 스와힐리어를 잘하는 것으로 착각하고 설교 후에 알아들을 수 없는 스와힐리어로 말을 걸어오는 것이 문제였다. 한두 마디에 내 실력이 금방 들통나서 서로 까르르 웃으며 더욱 친근해지게 되었다.

'웨웨니 음렘보'로 시작한 스와힐리어가 복음을 전하는 도구로까지 발전하게 되었다. 모든 것은 복음을 위한 도구로 활용될 수 있다.

나는 선교하려고 교회를 개척했다

우리가 알거니와 하나님을 사랑하는 자
곧 그의 뜻대로 부르심을 입은 자들에게는
모든 것이 합력하여 선을 이루느니라(롬 8:28)

웨웨니 음렘보

한낮에도 열심히 망고묘목을 손질하며

망고 묘목이 자라
각 가정의 수입원이 되기를

일할 수 있어 행복합니다.

스와힐리어로 설교하는 모습

7장

마사이 부족의 이름이 주는 은혜

    아프리카 마사이 부족을 선교할 때 일이었다. 마사이 부족은 용맹한 부족이라 들었다. 마사이족은 소를 키우는 데 물이 부족한 건기가 되면 물을 찾아 이동을 한다. 이때 물로 인해 물 때문에 부족 간에 싸움이 많이 일어난다. 그러면 사자를 잡아 죽일 만큼 용맹한 마사이족은 싸움에서 승리하는 경우가 많다고 한다.

    탄자니아에서 선교여행 중에 아루샤에서 신기다로 이동할 때였다. 길가 풀숲에 3~4명의 마사이족이 앉아 있었는데 모두들 얼굴에 검은색으로 칠을 하고 지나가는 차들을 바라보고 있었다. 안 그래도 검은 피부에 검은 색칠을 했으니 눈만 하얗게 보이고 무서운 느낌을 받았다. 나중에 알고 보니 그들은 마사이 부족 중에서도 용사요 싸움을 잘하고 사자가 공격해 와도 사자를 죽이는 '블랙 마사이'라고 했다. 밝은 대낮에도 그 눈매가 섬뜩했던 기억이 있다.

그런데 그렇게 용맹한 마사이 부족도 당해 내지 못하는 것이 있었다. 그들은 방목으로 소와 양을 키운다. 그러다 보니 하늘에서 비가 내리지 않아 소와 양이 죽는 경우가 종종 발생한다. 이웃 부족과의 전쟁에서도 용맹하고, 사자를 잡아 죽이기까지 하는 마사이 부족이지만 하늘에서 비가 내리지 않으면 속수무책으로 가축이 죽는 것을 바라볼 수밖에 없는 것이다. 그래서였을까. 마사이라는 이름의 뜻은 'I can not do anything.'이라고 한다. 아프리카에서 들은 말이기 때문에 정확한 말인지는 모르겠지만 상당히 일리 있다고 느꼈다.

자신이 애지중지하는 가축들. 가축으로 인해 우유를 얻고 노동력을 얻고 팔아서 수입을 얻는 그 귀한 가축이 물이 없어 죽어 나가도 어찌할 수 없는 것이 인생이다. 그래서 마사이 부족의 이름 'I can not do anything.'은 큰 은혜가 되는 이름이다.

하나님이 나에게 은혜의 단비를 내려주시지 않으면 내 힘으로 아무것도 이룰 수 없는 것이 인생이다. 그러기에 우리 인생은 자랑할 것도, 부족할 것도 없다. 그런데 사람들은 종종 이러한 원리를 잊어버린다. 사업을 해서 큰돈을 벌거나, 일이 잘 풀려나가거나, 사회적인 인기와 지위를 얻거나, 교회가 대형교회로 성장하면 자칫 자신이 잘해서 성공한 줄 안다. 자신의 능력으로 착각하고 스스로 높아진다.

나는 선교하려고 교회를 개척했다

I can not do anything!

내 실력으로는 아무것도 할 수 없음을 철저히 자각하고 언제나 하나님 앞에 엎드리는 자세. 그것이 믿음을 지키고 살아가는 올바른 자세가 아닐까.

지금 상황이 코로나라서, 우리 교회가 작아서, 내가 지금 병에 걸려서 아무것도 못 한다고 하지 말자. 주님이 주시는 마음이 있다면 당당하게 믿음의 발걸음을 내딛자. 모든 일을 이루시는 하나님의 손에 붙들리기만 하면 모든 것이 합력하여 선을 이룰 것이다. 나는 그저 주님께서 쓰시고자 하시는 대로 달려가기만 하면 된다.

주님께서 쓰시는 인생으로 살기 위해 철밥통의 직장에서 명퇴를 하고 아프리카로 달려왔다. 아프리카 선교사로 남기를 바랐지만 이상하게 될 듯 될 듯 하다가 연결이 되지 않았다. '아직은 때가 아닌가 보다, 나에게 주시는 분명한 비전을 보기 위해서는 시간이 필요한가 보다' 생각했다. 주님께서 나를 어디서 어떻게 쓰실지 기대하며 하나님의 뜻을 더 간구하기 위해 탄자니아를 거쳐 케냐에서 한국행 비행기에 몸을 실었다.

여호와가 너를 항상 인도하여
메마른 곳에서도 네 영혼을 만족하게 하며
네 뼈를 견고하게 하리니
너는 물댄 동산 같겠고
물이 끊어지지 아니하는 샘 같을 것이라(사 59:11)

나는 선교하려고 교회를 개척했다

PART II

나는 선교하려고
교회를 개척했다

8장

사람이 마음으로
자기의 길을 계획할지라도

아프리카 선교여행을 마치고 한국에 도착하니 지난 1년간의 시간이 꿈만 같았다. 캐나다에서 DTS 훈련을 받았고, 아프리카 선교사로 정착하기 위해 여기저기 알아보았으며, 아프리카만큼이나 척박한 인도까지 가서 인도에서도 3개월을 지내며 선교사의 길을 알아보았다. 그런데 아프리카와 인도에서 될 듯 될 듯 하다가 결국 선교사의 꿈을 이루지 못했다. 아마도 '하나님의 인도하심은 한국에서 목회하는 것인가 보다'라고 생각할 수밖에 없었다. 직접 선교사로 나가는 것은 안 되었으니 이제는 교회를 개척해서 성도들과 함께 선교사들을 후원하는 사역을 하는 것을 내 사명으로 받아들였다.

기도원에 갔다. 기도하러 올라온 사람들이 빽빽이 들어선 본당 한 귀퉁이에 무릎 꿇고 앉아서 개척의 사명을 감당하게 해 달라고 기도했다. 나이가 많으니 청빙을 받기가 쉽지 않기도 했지만, 무엇보다 내가 하고자 하는 아프리카 선교사역을 내 뜻대로 하게 해 줄 교회를 만나기란 실질적으로 불가능했다. 기존의 교회 운영방식이 그대로 유지되기를 원하지 어느 교회가 아프리카 선교에 재정의 70~80%를 쏟을 수 있겠는가. 그래서 개척만이 유일한 방법이었다.

고 1 때부터 꿈꿔 왔던 목회자의 길과 개척의 길에 더해 선교의 길까지 주님께서 허락하시면 어느 길이든 가겠다고 기도했다. 하지만 기도할 때면 새 힘을 얻지만 기도원을 내려오면 개척 준비의 어려움 앞에서 답답한 현실이 반복되었다.

교회 개척 사이트에 들어가서 후임자를 구하는 10여 군데의 교회를 보러 다녔다. 다 고만고만한 상가 교회들이었는데 마음에 드는 곳이 없었다. '이곳이다'라는 감동이 오는 곳이 없어서 시간을 두고 기도하면서 매일 찾아보기를 반복하고 있었다. 그러던 어느 날, SNS를 보는데 누군가가 올린 성경 문구가 눈에 확 들어왔다.

> *보라 내가 새 일을 행하리니 이제 나타낼 것이라*
> *너희가 그것을 알지 못하겠느냐*
> *반드시 내가 광야에 길을 사막에 강을 내리니(사 43:19)*

한국으로 돌아오는 비행기에서도 떠올린 문구이고, 늘 내 마음속에 자리 잡던 성경 구절이지만 교회를 구하러 애쓰고 있던 시기에 우연히

SNS에서 읽게 되니 가슴이 두근거렸다. '개척지를 구하고 있는데 주님께서 새 일을 행하리니 이제 개척 장소를 나타내신다는 응답인가' 하는 생각이 들었다. 지금까지 마음에 드는 마땅한 곳이 없어서 실망하고 있었는데 '광야에 길을 내시고 사막에 강을 내시는 하나님께서 내 개척지 하나 못 내시랴' 하는 믿음이 강하게 들어왔다. 아내에게도 카톡으로 문구를 보내며 함께 기도해 달라고 했다. 왠지 그날 무슨 일이 이루어질 것 같았다. 그리고 그날 오후에 아내로부터 전화를 받았다.

"여보, 인터넷을 보는데 싼 상가가 나왔으니 한번 가 봐요."

나는 교회 사이트에서만 개척할 곳을 찾아보고 있었는데 아내는 부동산 사이트에서 상가를 찾아보았던 것이다. 그래서 아내가 일러 준 부동산에 전화를 했다. 매물이 있음을 파악하고 아내 퇴근시간에 맞춰서 저녁 8시에 달려갔다. (그때는 몰랐다. 건물은 낮에 보아야 한다는 사실을)

당구장으로 운영 중인 낡은 건물 4층이었는데 건물주가 직접 운영을 하고 있었다. 당구장이니 입구부터 끝까지 막힌 곳 없이 뚫려 있어서 생각보다 평수보다 훨씬 커 보였다. 같은 평수에 비해 가로 폭이 좁고 대신 세로 폭이 넓은 것이 흠이라면 흠일 수도 있으련만 그것조차도 좋았다. 긴 장의자를 지나서 강대상으로 가야 하니 옆으로 넓은 것보다 세로로 넓은 것이 오히려 좋게 생각되었다. 아마 그 당시에는 웬만하면 개척하려는 마음을 갖고 있으니 모든 것이 다 좋게 보였나 보다. 당구장을 설명해 주던 건물주가 대뜸 말했다.

"목사님. 옥상으로 가 봅시다."

컴컴한 밤에 옥상으로 갔는데 당구장 크기만큼의 옥상이었다. 건물주는 옥상도 공짜로 임대해 줄 테니 마음껏 쓰라는 것이었다. 그러더니 말했다.

"목사님. 저를 위해서 축복기도 해 주십시오."

밤 9시에 처음 가 본 건물 옥상에서 처음 본 사람을 위해 기도해 달라니. 건물주는 자신이 안수집사라면서 기도를 부탁했다. 그래서 두 군데 부동산 사장님들과 건물주 등 모두 5명이 둥그렇게 서서 기도를 했다. 그런데 기도를 하는 동안 갑자기 마음이 뜨거워지면서 마치 부흥회를 하듯이 통성으로 기도하게 되었다. 그러니 어찌 계약을 안 할 수가 있겠는가.

개척의 ABC를 완전히 무시한 시작이었다. 1970년대에는 교회의 부흥기라서 십자가만 꽂아 놓아도 교회가 된다는 시절이 있었다. 하지만 2000년대 들어서는 교회의 성장이 멈추고 기독교 인구가 점점 감소하고 있었고 교회에 대한 인식도 1970년대와 비교해 보면 많이 나빠진 상태라고 할 수 있다. 그런데 요즘 같은 시기에 성도 한 명도 없이 (아내와 둘이서만) 덜컥 개척을 하다니.

🌸 주님만 바라보고 개척하다

가족과 친척들이 도와줄 수 있는 상황도 아니었다. 개척을 결정했을 당시에는 아들도 미국에 유학 중이었고, 딸은 멀리 떨어져 있어서 주일날 예배에 참석해 줄 수 있는 사람이 아무도 없었다.

아내의 친정은 불교 집안이라서 올 사람도 없었고, 설령 오고 싶다 하더라도 거리가 멀어서 와서 도와줄 수도 없었다. 나 역시 형제자매가 부산, 대구, 천안 등 전국에 퍼져서 살고 있었기 때문에 누구 한 명이라도 도움을 바랄 수 있는 상황이 아니었다. 오로지 아내와 나, 단둘이서만 개척을 시작했다.

문자 그대로 '주님만 바라보고 시작한' 개척이었다.

지금 생각해 봐도 어떻게 개척을 하겠다고 용기를 냈을까? 참 신기한 일이다. 대형 교회에서 개척 자금 수억 원을 지원해 주고 성도들도

나는 선교하려고 교회를 개척했다

몇십 명 지원해 줘도 가급적 오랫동안 대형 교회에 남아 있으려고 하는 추세인데, 그리고 그렇게 모교회의 지원을 받아서 분립 개척을 해도 쉽지 않은 현실인데 아무런 배경도 없이 개척하겠다니. 그것도 성도 한 명도 없이. 하나님께서 주신 마음이 아니고서는 인간의 의지로 할 수 있는 일이 아니었다.

부교역자로 생활할 때 나에게 분립을 하라고 선의를 베푸신 담임목사님이 계셨다. 하지만 그때는 왠지 모르게 분립 개척이라는 것이 마치 죄를 짓는 것 같았다. 그래서 나를 아껴 주시던 담임목사님에게 이렇게 말씀드렸다.

> *"저는 섬기던 교회의 성도들을 모시고 개척하는 것은*
> *마음이 허락하지 않습니다."*

지금 생각해 보면 '무슨 용기로 그런 거절을 했을까?' 싶다. 참 순진했던 것 같다. 남들은 분립을 안 시켜 줘서 싸우기도 하고 서운해하기도 한다는데 나는 왠지 모르게 분립 개척에는 마음이 허락하지 않았다. 성도들은 그 교회에 남고 싶은데 교회 정책으로 강제 분립을 하면 따라 나와야 하는 성도들은 어쩌란 말인가. 고생스럽더라도 주님이 주시는 마음을 가지고 내가 일구어 나가야 한다는 생각뿐이었다. 그곳이 국내든 아프리카 선교든 개의치 않았다. 오로지 주님만 나와 동행하시면 된다. 그래서 너무나 호의적인 제안을 해 주셨던 목사님의 제안을 사양했다. 지금 생각해도 감사하면서 죄송한 마음이다.

부목사 사역도 접고, 다니던 직장도 명예퇴직을 하고 아프리카도 다녀온 후, 드디어 '나는 개척하리라.'라고 다짐하고 어릴 적에 다짐한 대로 교회를 시작하게 되었다.

> 사람이 마음으로 자기의 길을 계획할지라도
> 그의 걸음을 인도하시는 이는 여호와시니라(잠 16:9)

나는 선교하려고 교회를 개척했다

BIBLE FOREST CHURCH

2019년 8월
경기도 광주에
새로운 교회가
개척되었습니다

✝ 대한예수교
장 로 회
**말씀의숲
교회**

성도 한 명 없이
하나님 사랑하는 마음만으로 시작했습니다

9장

나는 선교하려고 교회를 개척했다

한 달간 인테리어와 공사를 하고 드디어 첫 예배를 드리는 날이었다. 당분간은 아내와 단둘이서만 예배드리는 상황을 견뎌 내고자 다짐했다. 하나님만 보고 시작했으니 사람 수에는 연연하지 않았다.

예배 참석 인원은 사람의 노력으로 늘어나지 않는다. 오직 하나님께서 보내 주셔야 가능하다. 인간적 노력으로는 어느 정도까지는 예배 참석 인원이 늘지만 일정 시간이 지나면 한계에 부딪힐 수밖에 없다.

내가 굳이 '교회 부흥'이라는 말을 쓰지 않는 데는 이유가 있다. 사람 숫자 늘어난다고 교회가 부흥이 된 것은 아니기 때문이다.

부흥은 영어로 'revival'이다. 사람의 심령에 죽어 있던
하나님을 사랑하는 마음이 다시 살아나는 것이 부흥이다.
예수님을 만나 기쁨의 눈물을 흘렸던 첫사랑의 감격을
다시금 회복하는 것이 부흥이라는 것이다.

그렇기 때문에 사람 숫자가 늘어나는 것이 부흥이 아니므로
'예배 참석 인원이 늘어난 것'과 '교회 부흥'은 동격이 아니다.

만 명, 이만 명의 예배 인원이 있어도 다들 이 세상에서 잘되고 자녀가 좋은 대학에 들어가고 직장에서 승진하기 위해서 등 세상적인 성취와 목표만 가지고 기도한다면 절에 가서 잘되게 해 달라고 백팔배 하는 것과 뭐가 다른가.

중이었다가 목사가 된 분의 간증이다. "처음 교회를 나왔을 때 사람들이 절이나 교회나 똑같은 기도를 하고 있는 것에 충격을 받았습니다."

'일만 성도를 향한 웅비'라는 제목의 현수막을 자랑스럽게 본당 앞에 걸고 있는 교회도 있다. 세상의 물질만능주의식 사고방식을 교회에도 그대로 적용하는 것이다. 만 명의 사람이 모이는 것이 '부흥'인가? 단열 명이 모여 있어도 주님의 음성에 민감하고, 주님의 음성에 순종하고 반응하는 심령을 회복하는 것이 진정한 부흥이라고 생각한다. 그래서 나는 '예수님도 열두 명을 제자로 두셨다. 그러니 예수님의 마음에 합한 12명의 성도만 있으면 된다'는 심정으로 개척을 시작했다.

우리 교회가 들어간 건물은 20년간 교회가 들어온 적이 없었다. 아파트가 가까이 있고 빌라들도 있는데 왜 교회가 20년간 한 번도 들어오지 않았을까? 처음에는 주변에 교회가 없다는 것을 장점으로 생각

했는데, 바꾸어 말하면 사람들의 왕래가 뜸한 곳이라는 말과도 일맥상통한다. 개척을 하고 전도하러 돌아다녀도 교회 근처에서는 한 시간에 서너 명도 만날 수 없었다. 즉, 교회가 성장할 수 없는 환경이었다.

교회가 없던 건물에 교회가 생겼다고 가끔 들어와 예배드리는 사람들도 있었지만 우리 교회에 등록하기까지에는 오랜 시간이 걸렸다. 하지만 30년간 꿈꿔 왔던 교회 개척이었으니 사람 숫자에는 연연하지 않았다. 그저 주님께 마음껏 예배드릴 수 있다는 사실만으로도 행복했다.

첫 예배에서 하나님이 주신 감동이 있었다. 그 감동을 가지고 한 달을 기도하는데 하나님이 주시는 감동과 부담감이 떠나지 않았다. 그러다가 한 달째 되던 날 주일 설교에서 나는 원고에도 없던 말을 툭 내뱉게 되었다.

"우리나라는 140여 년 전 서양 선교사들로 인해 복음을 받아들인 나라입니다. 선교사들이 우리나라에 와서 교회도 짓고, 병원도 짓고, 학교도 짓고 해서 우리가 복음을 받아들이고 이렇게 잘살 수 있게 되었습니다. 이제는 우리가 그 빚을 갚아야 할 때입니다.

우리 교회가 지금은 성도 한 명도 없이 막 시작한 개척교회지만 앞으로 언젠가 하나님께서 은혜를 주시면 우리도 예배당을 건축할 수 있을 것입니다. 하지만 저는 우리 교회 예배당은 건축하지 않아도 좋으니 아프리카에 먼저 교회를 세우고 싶습니다."

나는 선교하려고 교회를 개척했다

평상시에 늘 갖고 있었던 생각이지만 설교 원고에는 준비하지 않았던 말이 갑자기 튀어나왔다. 오로지 성령께서 주신 말씀이라고 생각할 수밖에 없었다. 처음부터 선교하려는 마음을 갖고 개척했지만 그 마음을 너무 빨리 선포하게 되었다.

사실 말도 안 되는 일이었다. 성도 한 명도 없이 이제 막 시작한 상가 개척교회가 무슨 수로 아프리카에 예배당을 짓는단 말인가. 안 그래도 개척교회는 부담스럽다고 오지를 않는데 아프리카에 성전을 짓겠다면 그나마 한두 번 예배드리러 오던 사람들마저 부담스럽다고 교회를 다 떠나갈 일이었다. 만약 내가 청빙받아서 기존 교회에 부임했으면 당회에서 '이번에 청빙받은 목사님이 말도 안 되는 일을 하려고 한다'면서 반대하거나 어쩌면 곧바로 쫓겨났을지도 모를 일이었다. 성도들이 '목사님. 참 세상 물정을 모르시네요.' 하고 말해도 할 말이 없을 지경이었다.

하지만 어찌 되었든 하나님은 나에게 그것도 설교 시간에 그 말을 하게 하셨으니 이제 책임은 하나님께서 지시리라 믿을 뿐이었다. 그런데 대책 없는 목사의 말을 들은 대책 없는 회중들은 다들 박수를 치면서 좋아했고 그날 모였던 10명 남짓 회중들이 10만 원을 선교헌금으로 드렸다. 초라하지만 우선 선교의 첫 삽을 뜬 것이었다. 그 선교의 첫 삽으로 벽돌 몇 장을 보내면서 아프리카 교회 개척은 시작되었다.

두려워하지 말라 내가 너와 함께 함이라
놀라지 말라 나는 네 하나님이 됨이라
내가 너를 굳세게 하리라 참으로 너를 도와 주리라
참으로 나의 의로운 오른손으로 너를 붙들리라(사 41:10)

선교 첫 후원은 벽돌 몇 장부터 시작되었다.

나는 선교하려고 교회를 개척했다

10장

열 배로 채우시는 하나님

개척 한 달 만에 아프리카 교회를 짓자고 선포하고 그날 10만 원의 헌금이 모였다. 그리고 다음 날 한 통의 전화가 걸려왔다. 성경 공부를 가르친 다른 교회 집사님이었다.

"목사님. 아프리카에 교회를 짓는다면서요?"
"어, 어떻게 아셨어요? 어제 예배 시간에 한 말인데. 소식 정말 빠르시네요. 이제 시작해 보려고 합니다."
"제가 그동안 차가 2대가 있었는데 여러모로 형편도 어렵고 해서 한 대만 남겨 놓고 나머지 한 대를 팔았습니다. 그래서 중고차 가격의 십일조를 보내겠으니 아프리카 교회 짓는 데 보태 주세요."

아니, 이건 또 무슨 일인가? 자신도 얼마나 형편이 어려웠으면 자동차까지 팔아서 생활비에 보태려고 했을 텐데 자동차 판 돈의 십일조를 보낸다니. 그것도 자기 교회도 아니고 다른 교회에서 하는 선교비로 보낸다니! 오로지 성령이 주시는 감동의 역사였다.

그리고 통장에 찍힌 액수를 보고 또 한 번 놀랐다. 백만 원이었다. 어제 모은 선교비 10만 원의 열 배 되는 돈이었다. 하나님은 우리의 작은 마음을 기뻐 받으셔서 우리가 준비한 액수의 열 배를 채워 주셨던 것이다.

지인들에게 메시지를 보내고 SNS에 아프리카 선교 건축 내용을 올렸더니 1만 원, 3만 원, 5만 원, 10만 원 등의 헌금이 들어왔다. 그 결과 두 달 만에 150만 원을 모으게 되었다. 매달 임대료 내기도 버거운 상가 개척교회가 어떻게 이런 일이 있을 수 있는가. 그때까지만 해도 등록 성도는 아직 한 명도 없이 그저 예배를 참석하는 분들만 계시던 시절이었기에 교회 자체적으로 150만 원을 모은 것도 놀라운 일이었다. 하나님의 도우심을 매일 체험하며 감격에 빠져 있었다. 그러던 어느 날 또 다른 분이 전화를 했다.

"목사님. 오늘 인터넷으로 어느 목사님 설교를 듣는데 하나님께서 헌금에 대한 부담을 주셨어요. 그래서 제가 하나님께 따졌어요. '하나님 저 부담 주지 마세요. 부담 주시면 헌금해야 하잖아요.' 그런데 하나님이 말씀의 숲 교회 목사님께 전화하라는 마음을 주셨어요."

나는 선교하려고 교회를 개척했다

참 솔직한 분이셨다. 부담 주시면 헌금해야 하니 부담 주지 말라고 기도했다는 말을 들으면서 그 영혼의 깨끗함을 느낄 수 있었다. 하나님은 이렇게 정직한 자를 기뻐하시는가 보다.

"목사님. 아프리카에 교회 세우신다는 소식을 들었습니다. 제가 이번에 하나님의 은혜로 교회에서 권사 직분을 받게 되었는데 500만 원을 아프리카 교회 건축 헌금으로 보내겠습니다."

아니, 이건 또 무슨 말인가. 권사 감사 헌금이라면 본인이 다니는 교회에 해야 하는 것 아닌가.

"집사님. 감사합니다만 직분을 받게 된 감사 헌금은 본교회에 하셔야죠."
"목사님. 걱정하지 마세요. 저희 교회에도 이미 많이 했어요."

그러더니 그분이 다음 날 또 전화를 했다.

"목사님. 아무래도 안 되겠어요. 아프리카 교회가 자꾸 생각이 나서 마음이 부담됩니다. 500만 원 더해서 1,000만 원을 헌금하겠습니다."

그리고 그다음 날 그분은 또 전화를 했다.

"목사님. 하나님께서 제 통장에 든 돈을 다 아시고 자꾸 부담을 주시네요. 아직도 멀었다고 하세요. 그래서 통장에 있는 돈 탈탈 털어서 500 더 보내어 총 1,500만 원 헌금 보냈어요. 이제 통장에 한 푼도 없어요."

🌸 열 배로 채우시는 하나님

1,500만 원이라는 말을 듣는 순간 소름이 끼쳤다. 바로 지난주까지 모인 아프리카 건축 헌금이 150만 원이었는데, 이번에도 그 열 배인 1,500만 원이 모인 것이다. 열 배로 갚아 주시는 하나님의 은혜에 그저 감격할 뿐이었다. 게다가 자신이 가진 돈을 탈탈 털면 불안하기 마련이다. 누구나 통장에 약간의 비상금이나 생활비는 넣어 둘 텐데 아낌없이 선교에 헌신하는 집사님의 순수한 마음이 너무 귀하고 감사했다. 그리고 그 마음이 식기 전에 바로 실천에 옮기는 모습이 감동적이었다.

누구나 기도하다가 또는 성경을 보다가 또는 기독교 방송을 듣다가 어떤 감동이 올 수가 있다. 하지만 그 감동을 유지하고 실천으로 옮기기 전에 그 마음이 식어 버리는 경우가 많다. 예를 들어 10만 원을 헌금해야겠다고 감동을 받다가도 며칠 지나면 '10만 원은 좀 많은데? 5만 원만 하자.' 하다가 그 마음이 3만 원, 1만 원으로 줄어드는 경우를 왕왕 경험한다. 그러다가 심지어 마음의 감동을 잊어버리기도 한다. 나에게 전화를 준 집사님은 마음의 감동이 없어지기 전에 서둘러 선교

나는 선교하려고 교회를 개척했다

헌금을 보냈다. 실천하는 믿음을 가진 것이다. 그런 자에게 하나님은 사업이든, 가정 일이든 좋은 것으로 축복을 주실 것이다. (실제로 그분의 딸이 그 이후에 그 어렵다는 교사 임용고시에 합격해서 중학교에 발령이 났다는 기쁜 연락이 왔다.)

아프리카도 나라마다 빈부의 격차가 다르다. 그러니 교회 건축 비용도 나라에 따라, 또 지역에 따라 달라진다. 알고 있던 선교사들을 통해 몇 군데 지역에 비용이 얼마나 드는지 알아보았다. 처음 생각에는 대도시는 물가가 비싸니 비용이 더 들고, 지방은 물가가 싸서 비용이 덜 들 줄 알았다. 그런데 오히려 반대였다. 수도나 대도시 근처에 있으면 기자재 사기도 쉽고 운반비도 덜 드는 데 비해, 대도시에서 5시간~10시간씩 멀리 떨어지게 되면 기자재를 운반해 오는 물류비용이 많이 들어서 배보다 배꼽이 큰 경우도 생긴다는 것을 알았다.

내가 아프리카 선교할 때 방문한 지역에서는 교회에 불을 밝히는 전기 시설을 설치하는 것은 아예 꿈도 못 꾼다. 전기가 없으니 날씨가 무더운데도 에어컨도 없는 것이 당연한 상황이다. 심지어 어떤 나라는 지붕도 없다. 그저 벽돌로 외벽만 짓고 그 안에 모여서 예배드릴 수 있는 공간만으로도 충분히 감사하다는 것이다. 이런 상황을 알게 된 어떤 집사님은 '목사님. 앞으로 목사님이 짓는 아프리카 교회 지붕은 다 제가 하겠습니다.'라고 하기도 했다.

큰돈을 헌금한 성도들은 다 외부 성도들이었다. 우리 말씀의 숲 교회는 성도 수도 얼마 안 되는 데다가 연령층도 60대~90대 성도들이 대부분이어서 경제활동 연령이 아니었다. 그런데 개척 초기부터 성경 공부를 가르쳤고, 〈어? 성경이 읽어지네〉와 〈YWAM SBS(School of Biblical Stusies) 성경연구〉 강의를 통해서 우리 교회 성도들뿐 아니라 외부 성도들도 더러 성경을 배우러 왔다. 그중 몇 분이 헌금에 동참하기도 한 것이다. 이렇게 하나님께서 주시는 감동으로 선교의 씨앗 헌금들이 모이기 시작했다.

교회가 입주한 건물의 건물주 부부는 신실한 분들이었다. 그분들은 "목사님. 저희가 다니는 교회도 작은 교회예요. 거기서 제 아내를 만나 결혼했기 때문에 교회를 옮기진 못해요. 이해해 주세요."라며 미안해했다. 하지만 수요 예배와 금요 예배에 참석하며 사람 없는 예배당이 외롭지 않게 도와주셨다. 그리고 건물주 집사님이 자기네 교회 건축위원장이라고 하면서 아프리카 건축 이야기를 꺼냈다.

"목사님. 저희 교회를 몇 년 전에 건축할 때 저희도 사실 돈이 없었어요. 그때 제가 건의해서 저금통을 모았어요. 각자 사람 수대로 저금통을 가져가서 동전을 채워 왔어요. 큰돈은 아니었지만 저금통을 모으면서 건축을 시작했어요. 지금 아프리카에 건축을 시작하시니 그때 생각이 나네요. 저금통을 모아 보시는 건 어떠실지요?"

참 좋은 생각이었다. 저금통으로 큰돈은 모을 수 없겠지만 마음을 모아 기도하는 것이 중요했다. 그날그날 생기는 잔돈을 넣으면서 아프리카를 위해 기도하고, 교회를 위해서도 기도하고, 또 자기 가족을 위해서도 기도하고. 1석 3조의 아이디어였다.

이왕이면 양 저금통을 사고 싶었다. 하나님 앞에 나아갈 때 양을 잡아 제물로 드렸듯이 아프리카 교회 건축헌금을 양 저금통에 모으면 어떨까 생각했다. 그래서 인터넷 쇼핑몰을 검색했다. 그런데 인터넷 사이트에는 양 저금통이 있었는데 막상 연락해 보면 없다고 했다. 양 저금통은 양띠 해에만 만든다고 했다. 그래서 할 수 없이 돼지 저금통을 30개 구입했다. 저금통을 모은다는 소식을 들은 어떤 집사님은 집 모양 저금통도 20개 사다 주셨다. 아프리카에 하나님의 집을 짓는다는 의미라고 했다. 참 좋은 사람들이 참 좋은 아이디어들을 모아서 아프리카 선교의 첫 걸음이 힘차게 시작되었다.

이는 나 여호와 너의 하나님이
네 오른손을 붙들고 네게 이르기를
두려워하지 말라 내가 너를 도우리라 할 것임이니라
(사 41:13)

선교 저금통

모여 가는 선교 저금통들

11장

아프리카 교회 건축을 시작하다

아프리카 교회를 건축하려면 얼마의 비용이 드는지 선교사들께 물어보았다. 나라마다, 지역마다 가격이 천차만별이었다. 그중에서 케냐의 어느 선교사와 연락이 닿았다. 그 선교사는 평신도 자비량 선교사이었는데 벌써 2개의 교회를 케냐에 세우고 유치원도 운영하고 있었다. 한 시간 떨어진 낙후된 지역에 세 번째 교회를 세우고자 3~4년째 기도 중이었다.

"목사님. 제가 이 지역에서 교회를 짓고 싶었는데 몇 년 전에 어느 교회에서 헌금을 약정했다가 중간에 안 되었어요. 그래서 벽돌만 한 꾸러미 쌓아 놓고 벌써 3~4년이 흘렀어요. 교회 건축에 대한 마음만 갖고 있었는데 이번에 목사님 교회와 연결이 되었으니 하나님의 응답으로 알고 오랜 숙제를 해결하는 느낌입니다."

하지만 우리 교회 형편으로는 그곳에 건축하기에는 재정이 많이 부족했다. 한 주에 10만 원도 헌금이 안 나오니 한 달 모아도 40만 원이 채 안 된다. 목회자 사례비야 자비량으로 사역하니까 상관없지만 헌금만으로는 임대료도 감당이 안 되는 실정이 있다. 이러한 상황에서 아프리카에 건축을 하려고 하다니. 세상 물정을 몰라도 한참 모르는 개척교회의 돈키호테 같은 목사가 아니었다면 도저히 시도해 보지도 못할 일이었다. 그런데 하나님은 여러 가지 방법으로 재정을 채워 주셨다.

그 당시 우리 교회에서 매주 수요일 예배 시간에는 맥체인 큐티 강해를 하고 있었는데 그 강해 설교가 꽤 인기가 있었다. 그러다 보니 생각지도 않게 어느 출판사와 큐티 책을 내게 되어서 500만 원 원고료를 받기로 계약을 했다. 계약한 날, 아직 입금은 되지 않았지만 우선 내 통장에서 500만 원 전액을 선교헌금으로 바쳤다. (나중에 내가 아프게 되어 두 달 치 큐티 원고만 보내고 병원에 입원하게 되어 받기로 한 원고료를 한 푼도 못 받았지만 이때 미리 헌금한 선교헌금을 통해 아프리카 성전의 벽돌들을 살 수 있었다.)

성도들과 함께 모으던 돼지 저금통도 큰 위로가 되었다. 돼지 저금통 한 개에 다 해 봐야 액수로는 몇만 원밖에 안 들어가겠지만, 매일 생기는 동전을 넣으면서 그 순간만이라도 아프리카의 영혼들을 위해 기도하고 정성을 모으는 것이 서로에게 큰 격려와 힘이 되었다.

나는 선교하려고 교회를 개척했다

SNS를 통해서, 지인들을 통해서, 또 전혀 모르는 다른 교회 교인들을 통해서 선교헌금은 조금씩 모이고 있었다.

이렇게 신이 나서 선교 후원을 추진하고 있는 내 모습을 보면서 잘 아는 목사님이 말했다.

"유 목사님은 선교하려고 교회를 개척하셨네요."

그렇다. 나는 선교하려고 교회를 개척했다. 내가 생각하지 못했던 사실을 그 목사님이 대신 말해 주는 것을 보면서 하나님이 진정 이 일을 이끌고 계시고 기뻐하신다는 생각이 들었다.

🌸 두 번째 교회 성전 짓기를 시작하다

케냐에 교회 건축 헌금모금을 하던 중에 나는 또 한 가지의 돈키호테 같은 일을 시작했다. 케냐에 건축한다는 사실이 알려지자 르완다의 어느 선교사에게서 연락이 왔다. 성도들은 수십 명 있는데 그 마을에 교회가 없어서 2시간 거리의 다른 마을까지 예배드리러 다니는 교회라고 했다. 가는 데 두 시간, 오는 데 두 시간, 도합 네 시간을 걸어서라도 예배를 사모하는 그 마음이 너무 귀하고 감동적이었다.

그 말을 들은 후, 지금 상황에서는 케냐의 한 군데 교회에 보낼 헌금도 부족하지만 하나님께서 자꾸 르완다의 교회가 생각나게 하셨다. 상식적으로 따지면 한 군데 먼저 짓고, 추후 나머지 한 군데를 지어도 되는 상황이었다. 아니. 그렇게 하는 것이 순리에 맞았다. 솔직히 한 군데 지을 헌금도 부족한 상태이니 말이다. 그런데 이상하게도 르완다의 교회가 머리에서 떠나질 않았다. 그래서 1,500만 원을 헌금한 권사님과 통화를 했다.

  "권사님. 선교사들을 통해서 건축이 시급한 교회들이 많은 것을 알게 되었어요. 지금 어떤 르완다의 교회가 건축이 시급하다고 연락이 왔어요. 그래서 권사님께서 헌금한 액수 중에 500만 원은 케냐 교회에 보내고, 1,000만 원은 르완다 교회에 보내면 어떨까요?"

  권사님은 어느 지역이든지 좋다고 하셔서 갑자기 2개의 교회에 건축헌금을 보내게 되었다. 권사님이 헌금한 1,500만 원 중 500만 원은 케냐로, 1,000만 원을 르완다로 보냈다. (나중에 케냐 건축 부족분 1,000만 원은 감사하게도 여러 차례에 걸쳐서 내 개인 헌금으로 채워 넣을 수 있었다.)

  이렇게 해서 2개의 교회를 세우기로 했고 부담은 두 배로 늘어났다. 하지만 하나님이 주신 마음이니 그저 기쁘게 순종할 뿐이었다. 하나님이 마음을 주셨으니 이루실 분도 하나님 아닌가. 그러니 걱정할 필요가 없이 우리는 그저 기도만 하자. 이러한 대책 없는 목사의 말에 그대로 순종한 대책 없는 성도들이었다.

> 나는 너를 애굽 땅에서 인도하여 낸 여호와 네 하나님이니
> 네 입을 크게 열라 내가 채우리라 하였으나(시 81:10)

교회 기초 공사

교회 외벽 공사

12장

개척 6개월 만에 코로나가 시작되다

2019년 8월에 개척을 하고 한창 선교헌금을 모아 가고 있는데, 개척 후 6개월이 지난 2020년 2월에 코로나19 바이러스가 전 세계를 강타했다. 그동안에도 몇 년에 한 번씩 바이러스가 등장했다. 사스, 메르스, 에볼라, 신종플루 등의 바이러스가 나타났다가 사라졌다. 하지만 그동안은 우리나라에 미치는 영향은 그다지 크지 않았고 별 심각하게 생각해 본 적이 없었다. 그래서 이번 코로나 바이러스도 처음에는 심각하게 생각하지 않았다. 하지만 코로나19는 지금까지의 바이러스들과는 달랐다.

무엇보다도 교회가 직격탄을 맞았다. 대구 신천지에서 급속하게 퍼지기 시작한 코로나 바이러스는 급기야 교회를 비롯한 여러 단체 모임에서 퍼져 나갔고, 당국은 교회 예배를 금지시키는 사상 초유의 사태가 벌어졌다.

현장 예배를 사수해야 한다는 의견과 지금은 전염병 상황이니 인터넷 예배로도 충분하다는 의견들로 교계가 어수선한 가운데 작은 상가 개척교회로서는 당장 생존이 위태로운 상황이 되었다. 현장 예배에 99명까지 모일 수 있다, 20명 이내로 모일 수 있다, 상황은 시시각각으로 변하였고 그 상황에 맞춰서 인터넷 예배로 상당 부분 바뀌 갈 수밖에 없었다. 급기야 촬영과 관련된 최소의 인원을 제외하고는 아예 교회에 나오지 못하는 상황까지 오게 되었다. 큰 교회는 큰 교회 나름대로 힘든 시기였지만 그래도 교회 문을 닫지는 않는다. 하지만 우리처럼 작은 교회들은 교회가 유지되느냐 문을 닫느냐 하는 생존의 위기였다.

개척한 지 6개월, 이제 겨우 성도들이 한 명 두 명 생겨나기 시작했는데 현장 예배 없이 인터넷 예배만 드려야 한다니. 아프리카 성도들과 선교사들은 후원금이 빨리 와서 교회가 지어지기를 목이 빠져라 기다리고 있는데 상황은 점점 더 어려워지고 있었다. 마치 온 나라가 재정 부도의 위기에 몰렸던 IMF 사태의 위기 같은 생각이 들었다. 이제는 선교헌금이 문제가 아니라 당장 임대료가 더 큰 걱정이었다. 임대료가 몇 달 밀리면 교회 문을 닫아야 하기 때문이었다.

하지만 결론적으로 우리 교회는 코로나 상황에서 오히려 성경 공부를 더 많이 하게 되었다. 맥체인 큐티와 책별 성경 공부 내용을 PPT로 매일 만들어서 인터넷으로 올리니 화면에 올라온 자료를 더 자세하게 볼 수 있고 반복해서 볼 수 있는 장점이 있었다. 직접 모이지는 못하지만 코로나 기도문도 매일 인터넷에 올리며 성도들과 함께 기도했다. 성도들은 자신이 받은 감동과 은혜를 카톡방을 통해 나누면서 더 풍성한 교제를 이어 나갔다. 얼굴을 직접 보면서 나누지 못해 아쉽기는 하지만 말씀을 사모하는 마음만 있으면 어디서나 성경 공부를 할 수 있는 것이었다. 그래서 코로나 기간에도 말씀 교육에 더 집중했고 성도들의 교회 사랑하는 마음은 더 커져 갔다. 코로나 상황 가운데 역설적으로 예배의 소중함을 느끼게 된 성도들이 생겨났다. 어느 권사님은 이렇게 말했다.

"목사님. 코로나로 교회를 못 나가니 정말 큰 반성이 됩니다. 그동안은 교회에 예배가 있는 것을 당연히 여기고 고마운 마음이 별로 없었어요. 어쩌면 주일날 다른 데 안 가고 '교회 나가 준다.' 하는 마음이 있기도 했어요. 그렇게 엉터리로 교회 다니면서도 주일은 어기지 않으니 그나마 내가 믿음 좋은 줄만 알았어요. 그런데 이제는 교회를 갈 수 없으니 그동안 드린 예배가 얼마나 소중하고 감사한지를 알게 되었어요. 감사함 없이 드린 예배였음을 회개합니다."

그렇다. 코로나로 인해 한편으로는 예배의 소중함을 알게 되었다. 현장에서 예배를 드리지 못해서 답답해하는 심정들은 예배를 갈구했고, 그래서 인터넷을 통해 제공되는 말씀에 더 목말라하며 매달렸다.

코로나에도 불구하고 변함없이 인터넷과 카톡을 통해 열심히 성경 공부를 이어 나가는 교회 성도들이 참 감사했다.

그리고 나는 코로나를 오히려 선교의 기회로 삼았다. 물론 성도들이 모이질 못하니 헌금이 줄어든 부분은 있다. 하지만 언제는 부족하지 않았던 적이 있었던가. 늘 부족하고 모자란 것이 재정이다. 그래서 모자라는 부분에 초점을 맞추기보다는 생각을 전환하기로 했다.

일단 교회에서 예배 후에 식사 제공을 못 하니 점심 비용이 줄어들었다. 그리고 전도도 당분간 삼가야 하니 전도물품을 사서 제작하는 비용도 줄어들었다. 여기저기서 코로나로 인해 줄어드는 교회 비용들을 모두 아프리카 선교헌금으로 전환하는 기회가 된 것이다.

그런데 이렇게 코로나 상황을 이겨 나가던 때에 교회에는 코로나보다도 더 큰 문제가 발생했다.

이제 이 곳에서 하는 기도에
내가 눈을 들고 귀를 기울이리니
이는 내가 이미 이 성전을 택하고 거룩하게 하여
내 이름을 여기에 영원히 있게 하였음이라
내 눈과 내 마음이 항상 여기에 있으리라(대하 7:15-16)

PART III

암 투병 중에 만난 하나님

13장

개척 9개월 만에 암에 걸리다

내 몸은 다소 마른 체형에 아무리 먹어도 살이 안 찌는 체질이다. 오죽 했으면 살찌는 게 소원일 정도로 몸무게에 변화가 없었다. 따라서 당뇨도 없고 고지혈증도 없고 콜레스테롤도 정상이고 지극히 건강한 상태였다. 그래서 6개월에 한 번씩 피검사만 정기적으로 받으면서 건강에 신경을 썼다.

그날도 교회 개척 후 처음으로 건강검진을 했는데, 평소와 다름없이 피도 깨끗하고 콜레스테롤이나 모든 수치가 정상으로 나왔다. 검사 결과가 좋아서 그날 좀 무리하게 운동을 했다.

그러다가 운동하던 중에 허리 쪽에 큰 통증을 느꼈다. 다음 날에도 통증은 가라앉지 않고 계속 아프고 몸을 움직이기가 힘들었다. 괜히 무리하게 운동한 나를 탓하며 '혹시 허리 디스크인가? 혹시 척추뼈에 실금이 갔나?' 궁금해하며 동네병원에 갔다.

그런데 이상한 일이 벌어졌다. 의사는 난데없이 큰 병원으로 가 보

나는 선교하려고 교회를 개척했다

라는 것이 아닌가. 마치 드라마의 한 장면을 보는 것 같았다. 건강검진을 받다가, 또는 대수롭지 않게 병원에 갔다가 큰 병원에 가 보라는 말을 듣는 장면. 그 익숙한 장면이 나에게 일어난 것이다.

'운동하다 조금 다친 정도로 큰 병원에 가라니. 의사가 너무 오버하는 거 아냐?' 하면서 서울 큰 병원에 예약을 했다. 다행히 곧바로 외래 접수 일정이 잡혀서 며칠 뒤 진료를 보는데 담당 의사의 표정이 심상치 않았다.

> *"CT 촬영상으로 볼 때 척추암인 것 같습니다.*
> *하루빨리 입원하셔서 MRI를 비롯해서 검사를 좀 더 해 봅시다.*
> *현재 병실이 없으니 일단 집에 가서 기다리십시오."*

아니, 이게 무슨 날벼락 같은 일인가. 지난주에 받은 건강검진 결과도 깨끗하고, 기분 좋게 운동을 하다가 운동이 과해서 아픈 줄 알았는데 척추암이라니. 암이 이렇게 쉽게 걸리나? 설마 오진 아닐까? 여러 가지 복잡한 생각을 하면서 수납창구로 갔다. 진료비 계산을 하기 위해 이름을 대는데 내가 이미 암 환자로 등록이 되어 있는 망연자실한 일이 벌어졌다.

> *'아 진짜 내가 암 환자구나. 설마설마했는데.'*

가장 먼저 교회 성도들에게 어떻게 이 사실을 알릴까 걱정이 앞섰다. 이제 겨우 9개월 된 교회, 한 명 두 명 모이기 시작한 교회, 아프리카에 건축을 진행 중인 2개의 교회. 불쌍한 아내와 아이들을 또 어떻게 하나.

암 진단을 받던 날은 기쁨과 슬픔이 교차된 잔인한 하루였다. 그날 아침은 내 설교가 생전 처음 국민일보에 실려서 하나님께 감사하던 날이었는데, 채 몇 시간도 지나지 않아서 암 환자로 판명된 날이었던 것이다. 하루 만에 기쁨과 슬픔이 교차한 날이었다.

실감이 나지 않았다. 허리가 조금 아플 뿐인데 암이라니. 암이 이렇게 쉽게 걸리나. 암 판정을 받고 나는 하나님께 엎드려 기도했다. 암이 문제가 아니었다. 가슴 깊은 곳에서 울려 나오는 통곡의 질문이었다.

🌸 하나님께 통곡의 질문을 드리다

"하나님. 제가 교회를 개척한 것이 잘못된 것이었습니까?
하나님께서는 선교사로 나가길 원하셨는데
제가 요나처럼 불순종해서 교회를 개척한 것입니까?

하나님. 17세에 서원하여 이제 드디어 개척을 했는데

나는 선교하려고 교회를 개척했다

목사가 되는 것이 하나님이 원하는 길이 아니었습니까?

하나님은 제가 세상에서 열심히 살며

평신도로 섬기길 원했는데

제가 잘못된 선택을 한 것입니까?

직장에서 남들보다 10년은 빠르게 승진의 가도를

달릴 수 있었는데

다 포기하고 목사가 되었지만

결국 하나님의 뜻은 그것이 아니었습니까?

그래서 이리도 빨리 목회를 그만두게 하시는 것입니까?"

죽음에 대한 생각은 두 번째 문제였다. 나는 하나님께서 나를 어떻게 생각하시는지를 간절히 알고 싶었다. 왜 이런 일이 나에게 일어났는지 그 이유를 알고 싶었다.

그동안 직장 생활을 하면서 남들은 세상에서 승진하고 잘사는 길을 택하지만 나는 세상에서의 성공은 전혀 관심도 없었다. 승진하는 사람들이 하나도 부럽지 않았다. 남들보다 10년은 앞서서 승진할 수 있었지만 일부러 그 길을 피했다. 오죽했으면 도 교육청에 파견근무로 들어갔지만 장학사와 승진의 길을 버려 두고 일부러 자원해서 학교로 다시 나오기까지 했다. 남들은 교육청에, 그것도 지역 교육청이 아니라도 교육청에 근무한다고 부러워하고 승진은 따 놓은 당상이라고 축하들 했지만 나는 하나도 즐겁지 않았다. 교육청에서 행정문서로 일하는 장학사보다는 아이들을 가르치는 현장이 더 소중했다. 그래서 학교로 자원해서 돌아왔다. 아이들이 있는 교실이 나를 더 살아 있게 했다.

그리고 자꾸만 사표 내고 목회의 길을 가려고 하는 나를 보고 남들은 미국 유학 다녀온 것이 아깝다, 재능이 아깝다, 교육청에서 근무하지 않고 학교 현장으로 돌아온 것이 아깝다. 그동안 쌓아 놓은 수고가 아깝다고들 했지만 나는 전혀 아깝지 않았다.

곧바로 퇴직은 할 수 없었다. 국비유학을 2년간 다녀왔으니 최소 2년은 교육계에 남아 있어야 했다. 하지만 나는 국비유학을 보내 준 상황에 감사하며 2년이 아니라 10년 넘게 영어 교육으로 봉사하며 그 사이에 신대원을 공부했다. 그리고 드디어 명퇴를 신청했다. 17세에 하나님께 드린 서원을 지키고자 교직을 사표 내고 목회의 길로 접어들었던 인생이었다.

남들은 등 떠밀어도 안 한다는 개척, 아프리카의 영혼들을 위한 교회 건축을 위해 이제 막 첫 삽을 들었는데 곧바로 코로나에 이제는 암까지 걸렸으니 도대체 하나님의 뜻이 무엇인지를 알고 싶었다. 하지만 아무리 기도해도 하나님은 아무런 말씀도 하지 않으셨다.

나는 선교하려고 교회를 개척했다

🌸 암 투병 소식을 알리다

입원실이 생겼다고 병원에서 연락이 와서 드디어 금요일에 입원하게 되었다. 더 이상은 성도들이 걱정할까 봐 감추고 있을 수는 없었다. 할 수 없이 암 투병 사실을 알리게 되었다. 입원 이틀 전인 수요 예배 시간이었다. 설교 후 광고 시간에 어느 권사님께 질문했다.

"권사님. 요즘 건강 상태는 어떠세요."
"목사님. 말도 마세요. 나이가 드니까 안 아픈 데가 없어요."

권사님은 다소 슬픈 표정을 하면서 여기저기 다 아프다고 했다. 그분을 바라보면서 '나도 저 정도만 아팠으면 좋겠다.'는 생각을 했다. 그분이 갖고 있는 허리 디스크도 큰 병이겠지만 암 환자에 비하랴.

"권사님. 하나님께서 아픈 부위에 치유의 손길을 내려 주시기를 기도합니다. 그리고 저도 많이 아픈데 저에게도 치유의 손길이 임하기를 간구합니다. 제가 암에 걸렸습니다."

청천벽력 같은 담임목사의 암 소식에 성도들은 당황했다. 이렇게 건강한 목사님이 어찌하여 그런 병에 걸렸단 말인가. 암 수술도 힘들고 항암치료는 더 괴롭다는데 목사님이 어떻게 견뎌 내실까. 목사님이 없는 우리 교회는 또 어찌 되는 것인가. 아프리카 선교는 어떻게 해야 하나.

안수집사님은 차마 나를 쳐다보지도 못하고 허공을 응시한 채 빨개진 눈으로 혼잣말하듯이 거듭 말했다. '목사님은 잘 이겨 내실 거야. 목사님은 잘 이겨 내실 거야. 그럼, 잘 이겨 내시고말고.' 마치 본인에게 스스로 다짐하듯 되뇌는 안수집사님의 독백을 들으면서 위로가 되었다. 엉엉 울면서 함께 마음 아파하는 집사님들이 너무나 감사했다. 그렇게 슬픔의 수요 예배를 마쳤다.

이제 막 시작한 교회, 개척교회에 불어닥친 목사의 암 투병에 어쩌면 몇 안 되는 성도들마저 다 떠나갈지도 모를 일이었다. 선배 목사님이 신대원을 다닐 때 하시던 말씀이 생각났다.

'목사는 아파도 안 되고, 아프다고 해서도 안 되고
아픈 티도 내서는 안 된다. 목사가 아프다고 하는 순간
성도들은 마음도 떠나고 교회도 떠난다.'

그 말이 사실인지 아닌지는 잘 모르겠지만 상당히 일리가 있는 말이다. 아니, 그래야 마땅할 것이다. 앞으로 예배는 어떻게 될지도 모르는 상황에서 안정된 신앙생활을 할 수 있는 교회로 떠나가는 것이 맞는 일일 것이다. 내가 암이라는 것을 안 순간. 교회 문을 닫아야 하나 하

나는 선교하려고 교회를 개척했다

는 심각한 고민을 하게 되었다. 어차피 코로나로 힘든 이 현실에서 담임목사까지 교회를 비우게 되니 차라리 성도들이 이웃의 안정되고 좋은 교회로 가는 것이 성도들을 위하는 일이 아닐까.

이런저런 고민을 하고 있는데 우리 교회 성도들은 자발적으로 매일 기도회를 시작했다. 그 모습을 전해 들으며 큰 위로를 받았다.

대한민국 암 환자가 160만 명이라고 한다. 4인 가족으로 생각해도 640만 명이 암과 싸우고 있다. 그런데 우리는 암에 대해 일기예보만큼의 예측도 못 한다. 그저 아파트 대문 앞에 누군가가 붙여 놓은 전단지처럼 그렇게 아무 대책 없이 암을 맞이하게 된다. 나 역시 그렇게 암을 갖게 되었고, 입원 생활이 시작되었다.

> 여호와여 내가 수척하였사오니 긍휼히 여기소서
> 여호와여 나의 뼈가 떨리오니 나를 고치소서(시 6:2)

14장

암이 전이되다

성도들의 기도를 든든히 받으면서 병원에 입원했다. 환자복으로 갈아입자마자 내 손목에는 '낙상주의'라는 리본이 매어졌다. 척추암 환자이니 넘어지기라도 하면 안 되기 때문이다. 지금까지는 그나마 연결되어 있던 뼈가 부러지면 위급한 상황이 되기 때문이었다.

본격적으로 각종 검사가 시작되었다, 피검사는 하루 두 번씩 하는지 무슨 피를 그렇게 많이 뽑아 가는지… X-ray도, CT도 MRI도 종류별로 여러 가지를 찍어야 한다며 낮이고 밤이고 새벽이고 침대째 불러 내려서 검사를 했다. 낮에는 외래환자들이 MRI를 찍어야 하기 때문에 입원 환자들은 외래 진료가 끝난 밤 9시 이후부터 순차적으로 MRI를 찍는다. 그러다 보니 새벽 2시에도 불려 내려가고, 새벽 4시에도 찍으러 불려갔다.

입원한 지 사흘이 지났다. 그동안 검사만 하고 결과를 몰랐는데 드디어 주치의가 굳은 얼굴로 들어왔다.

> *"좋은 소식을 들려드리지 못해 죄송합니다.*
> *척추암 4기입니다."*

이미 의사들은 알고 있었을 것이다. 다만 더 분명하게 확증하고자 여러 가지 검사를 했을 것이다. 그리고 주치의는 그다음 날에는 더 심각한 말을 했다.

> *"척추암이 원인이 아니라 다른 암이 원인입니다.*
> *폐암 4기입니다.*
> *폐암이 전이되어 척추암으로 전이된 것입니다.*
> *지금까지는 정형외과에서 선생님을 담당했지만*
> *이제부터는 폐암 전문의 선생님이 주치의입니다."*

아니. 전이되었다고? 그것도 폐암에 척추암에? 그 무시무시한 선고를 듣는데도 그냥 멍했다. 전이는 남들에게만 듣던 그런 일인데 내가 벌써 전이까지 되었다니. 척추암은 또 무슨 병이고 증상은 어떻게 나타나는 것일까? 폐암이 한국인 사망률 1위라는 사실조차도 모를 만큼 나는 병에 대해 무지했다. 그다음 날은 더 무서운 말을 들었다.

"이미 몸의 여러 군데에 암이 다 퍼졌습니다.

이제부터는 대소변도 받아내시고

절대로 일어나면 안 됩니다.

척추가 완전히 무너질 수 있습니다."

CT나 MRI 사진을 보면 사람의 등은 여러 개의 척추뼈가 연결되어 있다. 목뼈 5개, 등뼈 12개, 허리뼈 5개. 엉치뼈 1개, 꼬리뼈 1개 등 총 24개의 뼈 마디마디가 연골과 척수로 연결되어 있다. 척추 MRI상에 나타난 내 척추뼈는 두 군데가 심각하게 녹아 있었다. 흉추 1군데와 요추 1군데의 뼈가 양옆으로 파고 들어간 암세포 때문에 90%가 검게 보이는 것이었다. 남아 있는 뼈 상태는 와인 잔의 손잡이 부분처럼 생겼는데 그 굵기는 와인 잔의 손잡이 부분보다도 훨씬 얇았다. 겨우 실 오라기만큼만 흉추의 위아래로 뼈가 연결되어 있었던 것이다. 척추의 한 마디를 100으로 봤을 때 연결된 뼈는 10 정도밖에 안 될 정도로 암이 뼈를 다 갉아먹었다. 만약 그 상태에서 일어나서 걸어 다니면 와인 잔의 손잡이같이 겨우겨우 붙어 있는 부분이 힘을 지탱하지 못하고 부러지게 된다. 그러면 말로 할 수 없는 통증과 더불어 폐암 수술 이전에 척추를 쇠로 연결하는 수술을 먼저 해야 한다는 것이다.

보통 문제가 아니었다. 폐암만으로도 힘든데 척추암까지 있으니 매우 힘들고 곤란한 상황이었다. 그런데 이렇게 매일매일 무시무시한 말들을 하는데도 나는 어딘가 멀리 있는 남의 이야기를 하는 것 같았다. 실감이 나질 않았다. 내가 암이라니. 그것도 4기에 여러 군데 전이가 되었다니.

폐암이 우리나라 암 사망 1위라는 것도, 생존율이 지극히 낮다는 것도 암에 걸리고 나서야 알았다. 남들은 수술 이후에도 암이 다른 데로 전이될까 봐 전전긍긍하며 투병 생활을 하는데 나는 아예 전이된 상태에서 병을 발견한 것이다. 그것도 한두 군데가 아니라 이미 여러 군데에서 전이가 되었다는 것이다. 초기 암 한 개만 발견되어도 벌벌 떨며 두려움과 고통 가운데 암 투병을 할 텐데, 이미 4기에 투병 생활 시작부터 여러 군데라니!

척추암은 그 통증이 대단하다고들 걱정했다. 오죽 했으면 '뼈를 깎는 고통'이라는 말이 있는데 암의 통증까지 더해지니 얼마나 힘드실까 위로하시는 분들도 있었다. 척추암은 흔하지 않은 병인데 목사님이 걸렸다고 안타까워하시는 분들도 있었다.

하나님의 치유하심을 온전히 믿다

그런데 주위에서는 오히려 난리인데 나는 아무런 염려가 되지 않았다. 지금 생각해도 내가 어떻게 그런 마음을 가질 수 있었는지 신기할

노릇이다. 나는 정말 어린아이 같은 단순한 마음뿐이었다.

'하나님께서 고쳐 주시겠지.
왜 나를 암으로 데려가시겠어?'

너무 힘든 병에, 치사율 1위라는 병에, 여러 군데에 전이되었다는 상태인데도 아무 통증이 없었다. 그것도 하나님의 큰 은혜이다. 병이 여러 군데이니 담당 의사들도 여러 명이었다. 아침마다 내 상태를 물어보고 약을 처방하는데 내가 계속 진통제를 먹지 않으니까 왜 안 먹느냐고 의사들이 물었다.

"아직까지 통증을 전혀 느끼지 못하고 있어서 진통제를 먹지 않고 있습니다. 고통스러우면 제가 먼저 진통제를 달라고 했을 것입니다."

내 말에 의사들은 기가 막힌 표정들이었다. 폐에 큰 덩어리가 보이고 다른 데로 전이가 되어 있고 뼈도 다 녹아 있는데 통증이 없다는 것이 말이 안 된다며 어느 의사가 말했다.

"저는 환자들의 말을 100% 믿지 않습니다."

환자들은 정서적으로 불안한 상태이니 병의 심각성을 축소시켜 보이려고 일부러 거짓말하는 경우가 많다는 것이다. 하지만 통증이 있는데 그 통증을 억지로 참으면서 통증이 하나도 없다고 거짓말할 환자가 어디 있겠는가? 그 당시 나는 그 무시무시한 암 가운데 놓여 있었지만 하나님의 은혜로 전혀 통증이 없었던 것이다.

고통도 없이 멍하니 있기만 하고 감정의 변화가 없는 내 모습이 답답했는지 어느 날 아침에는 생전 처음 보는 의사가 들어왔다.

"선생님. 지금 하늘이 무너졌습니다.
인생은 TV 드라마 보는 것하고 똑같습니다.
어느 날 갑자기 병원에 갔더니 얼마 안 남았다고 하는
영화의 스토리와 똑같아요.
암세포가 지금 여러 군데 다 펴졌습니다.
일단 절망하십시오, 일단 우십시오, 통곡하십시오.
그리고 앞으로 산보다 더 높을 여러 개의 치료의 과정을 넘어가 봅시다.
병원을 믿고 의사를 믿고 앞으로의 과정을
하나하나 넘어 봅시다."

속사포처럼 이러한 말을 쏟아붓고는 생전 처음 본 의사는 병실을 나갔다. 나는 여전히 멍한 얼굴로 침대에 누워 있을 수밖에 없었다. 눈물도 나오지 않았다. 도저히 실감이 나질 않았다. 이러한 내 모습을 보고 옆 침대의 보호자가 오히려 걱정을 했다. '어떤 말로도 위로가 되지 않으시겠지만 힘내시고 잘 이겨 내시고 꼭 나으시기를 바랄게요.' 그렇게 고마운 위로를 해 주는 분에게 나는 웃으면서 말했다.

"감사합니다. 저는 암이 하나만 있는 사람이 참 부럽네요. 저는 암이 여러 개 있거든요. 선생님은 암이 하나밖에 없으니 꼭 나으실 것입니다. 잘 이겨 내십시오. 하나님께서 도와주시기를 기도하겠습니다."

어떻게 해서 그런 담대한 말을 할 수 있었을까? 여러 군데 전이된 중증 암 환자가 옆 침대의 암 환자를 주제넘게 위로하고 있었다.

> 아무 것도 염려하지 말고
> 다만 모든 일에 기도와 간구로
> 너희 구할 것을 감사함으로 하나님께 아뢰라
> 그리하면 모든 지각에 뛰어난 하나님의 평강이
> 그리스도 예수 안에서 너희 마음과 생각을
> 지키시리라(빌 4:6-7)

나는 선교하려고 교회를 개척했다

15장

목사님, 참 억울하시겠어요

여러 가지 암에 걸리다 보니 병실도 자주 옮기게 되었다. 처음에는 우선 비어 있는 병실로 배정되었고, 두 번째는 척추암이니까 정형외과로 배정되더니 최종적으로는 본격적인 폐암 병동으로 배정되었다. 암 병동 병실에 들어가니 옆의 환자는 이미 폐암 수술을 하고 항암치료를 하고 있는 환자였다. 그 환자가 나를 보더니 대뜸 말했다.

"목사님이라면서요? 아이고 목사님은 참 억울하시겠네요. 나는 담배라도 피지만 목사님은 담배도 안 피는데 폐암이 걸렸으니 얼마나 억울합니까?"

그의 말을 들으면서 나는 그저 빙그레 웃고만 있었다. 그런데 평온한 얼굴의 내 모습과는 다르게 그는 분노로 가득 차 있었다.

"나는 성당을 다닙니다. 성당에는 나보다 담배 더 많이 피는 놈들도 많고, 나보다 더 못된 놈들도 많은데 왜 내가 폐암에 걸려야 합니까? 나는 그래도 신앙생활 열심히 하려고 하고, 이태석 신부님이 계시던 아프리카에 두 번이나 선교도 다녀왔는데 왜 내가 이런 암에 걸려야 합니까? 내가 뭘 잘못했습니까?"

아프리카를 사랑했더니 암 환자도 아프리카 선교를 다녀온 사람을 만나게 된 사실에 속으로 피식 웃음이 났다. 목숨이 경각에 달려 있는데도 이런 엉뚱한 생각이나 하다니. 나는 정말 대책 없는 환자였다.

그 환자는 자신이 암에 걸린 사실에 화를 참지 못하고 분노를 표출해 내고 있었다. 누구든 걸리기만 하면 대판 싸워 볼 심산인 듯 보였다. 그를 바라보니 그럴 만도 하다는 생각도 들면서 한편으로는 그 영혼이 너무 불쌍하다는 생각이 들었다. 더 불쌍한 사람이 덜 불쌍한 사람을 위로하기 위해 조용히 입을 열었다.

"선생님. 올해 나이가 60이 되셨다고 하셨죠? 60 평생 살아온 인생을 한번 돌아봅시다.

우리가 이 땅에 올 때 아무것도 안 들고 빈손으로 왔는데, 그래도 열심히 공부해서 대학교도 졸업하고, 좋은 직장에 들어가서 돈도 벌고, 좋은 아내 얻고 사랑스런 자식들도 낳아서 시집 장가 다 보내고, 작지

나는 선교하려고 교회를 개척했다

만 내 집도 있고, 자동차도 굴리고, 적어도 굶을 걱정은 없이 사는데, 이만하면 남는 장사한 거 아닙니까?

나는 왜 죽을 때까지 아무 병에도 안 걸려야 하고, 나는 왜 암에도 안 걸려야 하고, 나는 왜 모든 게 잘나가고 좋기만 해야 합니까? 이만큼 살아온 것도 이미 잘 살아온 것입니다. 인생 60 살아왔으면 남는 장사 아닙니까?

지금 내가 암에 걸리고 안 걸리고가 중요한 것이 아닙니다. 지금까지 지내 온 것에 감사하는 마음을 가집시다. 앞으로 남은 인생은 덤으로 생각하고, 내 주변 사람들과 잘 지내며 사랑을 나눠 주고 즐겁게 삽시다. 그래야 나중에 하나님 보더라도 조금은 덜 미안하지 않겠습니까?"

내 말을 곰곰이 듣고만 있던 그 환자는 내가 말을 마치자 잠시 뜸을 들이더니 이런 말했다.

"똑같은 상황에서 어째 이리도 완전 반대의 생각을 할 수 있을까요?"

그 말을 하는 그의 표정이 달라졌다. 분노로 가득 찬 얼굴에서 어느새 선한 얼굴, 마음이 평온한 얼굴로 바뀌게 된 것이다.

만약 건강한 사람이 이런 말을 했다면 그 환자는 더더욱 길길이 뛰며 분노했을 것이다. 뭐? 지금까지 살아온 것을 감사하라고? 당신이 암에 걸려 봐. 그런 말이 나오나. 아마 이렇게 대답하며 내 말이 전혀 위로가 되지 않았을 것이다.

하지만 같은 암 환자, 그것도 자기보다 더 억울한 환자가 말하니 공감과 설득이 되는 것이다. 그 순간에도 나는 하나님께서 나를 아프게 하신 사명을 감당하고 있었다. 암 환자가 암 환자를 위로할 수 있다. 과부가 홀아비 사정을 알 수 있고, 자식을 먼저 보낸 부모가 똑같은 아픔을 겪는 사람을 진실로 위로할 수 있듯이 나는 암이라는 상황을 통해 암 환자들을 위로할 수 있게 된 것이다.

그의 아내는 '내 남편 병은 내가 고친다'는 신념으로 폐암에 좋은 것은 다 찾아서 먹이고, 좋다는 방법은 인터넷으로 다 찾아 준다고 했다. 매일 소변에서 염분이 적정하게 있는지까지 체크하고 있었다. 남편이 병에 걸리고 나서 아파트 모든 방을 편백나무로 싹 리모델링을 하고, 집에서 1시간 떨어진 편백나무 동산에서 매일 같이 운동하면서 건강을 관리해 준다고 했다. 그날 그의 아내로부터 여러 가지 암 정보를 듣게 되고, 좋다는 음식들도 알게 되었다.

"제가 목사님의 건강 지식도 다 챙겨 드리겠습니다. 목사님은 저희 남편의 영적인 부분을 책임져 주세요."

비록 하루만 같은 병실을 썼지만 서로 핸드폰 번호를 나누고 어려운 상황이 있을 때 연락하라고 했다. 며칠 뒤 그 사람에게서 전화가 왔다.

"목사님. 제 남편이 지금까지는 항암을 해도 머리가 안 빠졌는데 오늘 아침 머리가 한 뭉텅이가 빠져서 너무 심란해하고 괴로워합니다. 남편에게 전화하셔서 위로 좀 해 주세요."

그 환자는 항암치료를 해도 머리가 빠지지 않으니 '암도 별것 아니네. 이길 수 있네.' 하고 담대한 마음을 가지다가 막상 머리가 빠지자 패닉 상태에 들어갔다는 것이다.

심령이 약해지면 병을 이길 수 없다. 병에 걸렸을 때 옆에서 낙심하지 않도록 계속 격려해 주고 기도해 주는 누군가가 있다면 병을 이겨 내는 데 큰 도움이 된다.

마음의 즐거움은 양약이라도
심령의 근심은 뼈를 마르게 하느니라(잠 17:22)

상심한 자를 고치시며
저희 상처를 싸매시는도다(시 147:3)

16장

새내기 암 환자 묵상

병실에 입원한 첫날부터 시간이 나면 하루 10분이라도 내 모습과 마음 상태를 촬영해서 유튜브에 올렸다. 이름하여 '새내기 암 환자 묵상'.

환자복을 입고 병실에 누워 촬영을 하고 있는 모습을 누가 보면 정말 가관이라고 할 것이다. 암 환자 주제에 유튜브를 하고 있다니. 게다가 본인은 전이된 4기 암 환자이면서 유튜브에서 촬영하는 내용은 암 환자들에게 희망을 잃지 말라는 내용이라니.

게다가 옆 침대에 다른 환자가 누워 있으니 자유롭게 촬영할 수는 없었다. 옆 침대의 환자가 재활치료나 MRI 촬영 등으로 자리를 비우는 시간을 기다렸다가 잠깐잠깐씩 녹화를 했다. 그중 한 편을 조금만 소개해 본다.

나는 선교하려고 교회를 개척했다

안녕하세요? 새내기 암 환자 묵상입니다. 오늘은 암 환자들이 겪게 되는 공포에 대해서 이야기를 나눠 보고자 합니다.

암에 걸리면 정말 공포스럽죠. 암이라는 말만 들어도 두 다리가 후들거리고 무서운 것이 사실입니다. 내가 왜 암에 걸렸나 하며 인생이 서글퍼지기도 합니다.

무엇보다도 제일 두려운 것은 죽음의 공포입니다. 신앙이 있는 분들은 죽어서 천국을 갈 것이라고 믿으니까 그나마 낫겠지만, 그래도 죽음의 순간에 대한 공포는 크건 작건 누구에게나 있게 마련입니다. 그래서 죽음의 공포가 자기를 엄습하면 가슴이 답답해지고 어떤 분들은 미칠 것 같이 무섭고 괴롭기도 할 것입니다.

그런데 암 환우 여러분. 제가 비밀 한 가지를 가르쳐 드리겠습니다.

"여러분은 죽기 1초 전까지는 절대로 죽지 않습니다.
아무리 죽고 싶어도 죽기 1초 전까지는 아무도 죽을 수가 없습니다.
그러니 하루 종일 죽음에 대해 묵상하지 말고 살 생각만 하세요."

죽음에 대해 공포를 느낀다고 해서 공포가 여러분을 불쌍하게 생각하지 않습니다. 오히려 여러분을 더 힘들게 하고 괴롭힙니다. 두려워하면 암이 더 기승을 부립니다. 그러니 죽는 생각하지 말고 죽기 전까지 잘 살아갈 생각만 하세요. 죽기 1초 전까지는 아무도 안 죽습니다. 미리 죽는 걱정을 하지 마십시오.

살아 있는 동안 아내에게 남편에게 자녀에게 이웃 사람에게 사랑을 나누세요. 고맙다, 감사하다. 사랑한다. 당신 때문에 행복하다. 지금까지 살아온 시간에 대해 감사하세요. 밝고 긍정적인 말로 주변 사람들과 좋은 시간만 가지세요.

그러다가도 어쩔 수 없이 죽음에 대한 공포가 갑자기 밀려오면 시편 91편을 읽으세요. 시편 91편 5절에 보면 "너는 밤에 찾아오는 공포와"라는 구절이 있습니다. 주님은 이미 우리의 연약함을 아시고 밤에 찾아오는 공포에 대해서 말씀해 놓으셨습니다.

> "밤에 찾아오는 공포와 낮에 날아드는 화살과
> 어두울 때 퍼지는 전염병과 밝을 때
> 닥쳐오는 재앙을 두려워하지 아니하리로다"

얼마나 놀라운 말씀입니까. 내가 병에 걸릴 것을 대비해서 성경에 이미 치유의 말씀을 기록해 놓으셨다니요. 사랑하는 환우 여러분. 시편 91편의 말씀을 계속 반복해서 외우세요. 2~3분이면 한 번 읽을 수 있습니다. 두려움이 올 때, 공포가 밀려 올 때 하루 100번이라도 읽고 읽고 또 읽으면서 말씀이 주는 힘을 얻으세요.
성경 말씀은 생명력이 있습니다. 죽기 1초 전까지는 절대 죽지 않으니까 지금부터는 죽는 걱정일랑 아예 하지 말고 살아 있는 생명의 말씀을 외우세요.

이러한 새내기 묵상을 여러 편 유튜브에 올렸는데 녹화하는 나 자신부터 큰 은혜와 힘을 얻었다. 그때의 영상을 지금 와서 보면 '내가 어떻게 그렇게 담대한 마음으로 암 투병을 이겨 냈는지' 나 스스로도 놀랍다. 아무런 불안감도 없이 평안하게 암 환자들을 위로하는 내 모습을 보고 알지도 못하는 여러 분들이 격려 댓글을 달기도 했다.

나는 선교하려고 교회를 개척했다

'목사님은 천국이 있음을 확실히 믿으시니까
그렇게 암 4기에 전이된 상태에서도 평안하시네요.
그 모습을 보고 저도 천국이 있다는 소망을 갖게 해 주셔서 감사합니다.'

새내기 암 환자는 하나님과 동행하며 아무 걱정 없이 담대하게 암의
초기시간들을 넘어가고 있었다.

네가 부를 때에는 나 여호와가 응답하겠고
네가 부르짖을 때에는 내가 여기 있다 하리라(사 58:9a)

새내기 암환자 촬영 모습

17장

하나님과의 대화

이상하리만치 죽음의 공포에서는 담담했다. 내가 남들보다 담대해서 그런 것이 아니다. 아침마다 의사들이 교대로 들어와서 무시무시한 말들을 해 주고 갈 때는 얼마나 무서운지 마음이 힘들었던 것이 사실이다.

의사의 업무 중 하나는 아무것도 모르는 환자에게 상태를 정확하게 알려 주는 것이다. 암이라는 상황을 처음 맞이하는 환자로서는 의사가 전해 줄 수밖에 없는 무시무시한 말을 듣는 순간에는 참 고통스러웠다. 차라리 나에게 아무것도 알려 주지 말고 그저 자신들이 알아서 치료해 주기를 원하는 심정이었다. 의사들은 무시무시한 말들만 들으면 내 흔들리는 모습만 보기 때문에 아마도 내가 투병 생활을 힘들게 하는 줄로만 알았을 것이다.

그러나 의사들이 회진을 다녀가고 나면 흔들리고 힘들었던 마음은 눈 녹듯 사라지고 곧바로 평온을 다시 되찾곤 했다. 하나님의 보호하심과 위로하심이 늘 내 심령 속에 있었기에 힘든 병원 생활을 이겨 낼 수 있었던 것이다. 그래서 걱정은 10분, 나머지 23시간 50분은 주님이 주시는 평안 가운데 지내고 있었다.

투병 기간 중에 폐쇄 공포증이 있어서 MRI를 찍는 것이 가장 힘들었다. 그래서 수면으로 찍는 것이 유일하게 힘든 일일 뿐 정작 내가 갖는 어려움은 투병 생활의 어려움이 아니었다. 앞 장에서도 말한 바가 있지만 '*과연 내가 하나님의 섭리 안에서 교회를 개척한 것인가*' 하는 의문이 나를 가장 힘들게 한 것이었다.

하나님의 인도하심이 있었다면 개척하고 곧바로 성도들이 몰려왔을 것이 아닌가. 그런데 나에게 닥친 현실은 개척하자마자 6개월 만에 코로나 사태가 터졌다. 안 그래도 어려운 개척교회의 형편에 이제는 모이지조차 못하니 과연 개척한 것이 진정으로 하나님의 뜻이었을까? 그리고 개척 9개월 만에 암까지 걸렸다. '하나님의 뜻이었다면 사역을 더 활발하게 해야지 왜 암에 걸려서 아무런 사역도 못하고 병상에 누워만 있어야 하나.' 이런 생각들이 나를 더 힘들게 했다.

아무리 질문해도 답은 나오지 않았다 아무리 여쭤봐도 하나님은 아무 대답이 없으셨다. 그러다가 내 간절한 기도에 응답이라도 하듯 어느 날 밤에 하나님이 꿈에 나타나셨다. 그리고 세 가지 질문을 하셨다.

첫째, 너 교회를 왜 개척했니?

하나님. 제가 17살 때부터 목회자로 서원한 것 잘 아시잖아요. 저는 성도들에게 하나님의 말씀을 잘 가르쳐 줘서 그들이 믿음 생활 잘하기를 바라면서 개척했습니다.

큰 교회, 큰 건물에 대한 욕심은 전혀 없습니다. 그저 성도들이 말씀을 바르게 알기만을 바라면서 성경 공부도 열심히 하고 있습니다. 제가 공부한 〈YWAM SBS 성경연구〉, 〈어? 성경이 읽어지네〉, 〈맥체인 성경 통독〉 등을 가르치면서 개척 6개월 만에 벌써 구약 통독 공부도 다 가르쳤습니다. 그것도 두 번이나 마쳤습니다. 이제 신약 통독을 준비하고 있는데 성도들이 말씀 공부하는 것을 너무나 좋아합니다.

성경을 잘 가르쳐서 하나님 마음을 잘 아는 교회가 되고자 교회 이름도 '말씀의 숲 교회'로 했고, 말씀이 흥왕한 교회를 만들어 가고 있습니다.

그러자 하나님께서 말씀하셨다.

'그래? 그럼 개척 잘했네.'

나는 선교하려고 교회를 개척했다

🌸 둘째, 개척한 지 이제 10개월 지났는데 그동안 무슨 일이 일어났니?

하나님. 지난 10개월간 정말 행복했습니다.

성도들이 목사가 가르치는 복음을 너무 잘 받아들이고 좋아해서 그 모습을 보면서 행복했습니다.

매일 나누는 카톡의 성경 연구 수준을 보면 마치 신학생들 같습니다. 성경 말씀에 비추어 기도하고 신앙 생활하는 교회가 되어 가고 있습니다.

게다가 아직 작고 작은 개척교회지만 아프리카 선교의 비전을 갖고 교회를 짓고 있습니다. 우리 교회도 형편이 어려워서 남을 도울 입장이 아닌 개척교회인데도 하나님께서 은혜 주셔서 생각지도 않게 2개의 아프리카 교회를 세우고 있습니다.

그러자 하나님께서 또 말씀하셨다.

'그래? 그럼 개척 잘했네.'

🌸 마지막 셋째, 성도들은 지금 어떻게 지내고 있니?
담임목사가 아프다고 뿔뿔이 흩어졌니?

하나님. 개척교회에 목사가 암에 걸리면 교회가 문을 닫을 수밖에 없잖아요. 더군다나 요즘에는 코로나 사태로 멀쩡한 교회도 문을 걸어 잠가야 하는 이때, 성도들은 흔들림 없이 교회와 저를 위해 기도하고 있습니다.

제가 병원에서 투병 생활을 하느라 교회를 비우는 상황에서도 주일 예배와 수요 예배가 한 번도 끊긴 적이 없습니다. 제가 아는 목사님들과 선교사들이 돌아가면서 설교를 품앗이 해 주셔서 정말 감사합니다. 또 어느 외부 성도는 담임목사님이 안 계시니 이 교회에 더 힘을 줘야 된다고 하면서 교회 안 다니는 사람들을 전도해서 예배 인원이 오히려 더 늘었습니다.

성도들의 중보기도와 하나님의 일하심을 통해서 우리 교회도 살고, 저도 살아날 것입니다. 또한 아프리카의 교회도 온전히 건축되어 죽어 가는 생명들을 살릴 것입니다.

내가 여기까지 대답하자 하나님은 말씀하셨다.

"그래? 그러면 정말 개척 잘했네.
그런데 뭘 개척이 하나님 뜻인지 아닌지 고민하고 있냐?

나는 선교하려고 교회를 개척했다

잘했다 아들아. 걱정하지 마라."

여기까지 하나님과 대화하고 나서 잠에서 깨어났다. 잠자면서 하나님의 위로하심에 눈물을 엄청 흘렸나 보다. 정신을 차려 보니 눈이 퉁퉁 부어 있었다. 그날 하나님은 나와 대화하시며 이 세 가지 질문을 통해 연약한 목사를 한없이 위로해 주셨다. 나는 그날 이후 마음의 짐을 상당 부분 내려놓게 되었다. 내가 개척한 것이 잘못된 것이 아니라 하나님께서 인정해 주시는 일이란 것을 알게 되었으니 그동안 갖고 있었던 의구심과 불안이 사라진 것이다.

🌸 기드온의 양털

그리고 하나님과 대화한 다음 날 아침에 또 한 번의 기적이 일어났다. 하나님과 밤새도록 대화한 그날 아침에 전화가 왔다. 성경 공부를 가르친 다른 교회 어느 집사님이었다.

"목사님. 몸은 좀 어떠세요?"
"네 집사님. 전화 주셔서 감사합니다. 몸은 아직 통증도 없고 견딜 만합니다."
"목사님. 개척교회라서 힘드신데 코로나까지 터지고 목사님께서 아프시기까지 해서 많이 힘드시죠?"

"아닙니다. 집사님. 성도들이 열심히 기도하고 있으니 곧 나을 것입니다."

"목사님은 항상 긍정적이시네요. 힘든 내색을 전혀 안 하시네요. 하지만 많이 힘드시리라 생각됩니다. 코로나로 모이지도 못해서 헌금도 안 걷히죠? 지금 말씀의 숲 교회가 개척 초기이고 더군다나 목사님께서 몸도 아프시고 여러 가지로 어려우실 것 같아서 제가 1년 치 교회 임대료를 부가세까지 해서 다 입금했습니다. 목사님. 힘내시고 몸조리 잘하세요."

정말 놀라운 일이었다. 이미 1년 치 임대료를 입금까지 다 해놓고 나에게 알려 주려고 전화하다니. 어느 누가 남의 교회 1년 치 임대료를 내준단 말인가. 그것도 담임목사가 아파서 교회가 문을 닫을지도 모르는 상황에서 큰돈을 헌금한다는 것은 불가능한 일이었다. 문을 닫게 되면 소중한 돈이 허공에 사라질 텐데도 불구하고 1년 치 임대료를 보내 준 것은 진정한 기적이었다.

그날 아침 걸려온 전화는 하나님께서 나를 버리지 않으셨다는 기드온의 양털과도 같은 증표였다. 거듭되는 고난 속에서 '과연 개척이 하나님 뜻인가 아닌가?' 고민하던 나에게 이 아침의 전화 통화는 '개척이 하나님의 뜻이니 더 이상 염려하지도 의심하지도 말라.'고 나에게 주시는 하나님의 확증이었다. 지난밤에 나를 위로하시고 걱정하지 말라고 말씀하셨던 하나님께서 실제로 보여 주신 기드온의 양털 같은 응답 앞에 하염없이 감사의 눈물을 흘렸다.

주여 이제도 그들의 위협함을 굽어보시옵고
또 종들로 하여금 담대히 하나님의 말씀을
전하게 하여 주시오며
손을 내밀어 병을 낫게 하시옵고 표적과 기사가
거룩한 종 예수의 이름으로
이루어지게 하옵소서 하더라(행 4:29-30)

18장

늦어서 수술도 못 해요

의사는 두 종류가 있는 것 같다. 환자에게 비정하리만치 정확하게 알려 줘서 환자가 자신의 상황을 바로 알고 미리 마음의 준비를 하게 하는 의사. 똑같은 상황이지만 환자의 심리상태를 고려해서 최대한 부드럽게 말해 주는 의사.

누가 더 낫다고는 말할 수 없는 것이다. 환자는 자신의 상태를 정확하게 알 권리가 있고 필요도 있다. 그러면서도 마음을 위로받고 보호받을 필요도 있다. 징징거리는 환자를 다 받아 준다고 무조건 좋은 의사는 아닐 것이다. 알 것은 분명히 알고 마음의 준비를 해야 하는 것이다.

내가 처음 만났던 척추 주치의는 따뜻하면서도 실력이 좋은 의사였다. 처음에는 나를 담당하는 주치의였지만 폐암 전문의로 주치의가 바뀐 후에도 자주 병실에 들러서 이런저런 말을 해 주었다. 어느 누가 자기 담당 환자도 아닌데 초기 인연만 가지고 환자의 병실에 와서 의학

나는 선교하려고 교회를 개척했다

적인 상태에 대해 알려 주고 힘들어할까 봐 위로해 준단 말인가. 그렇게 따뜻한 마음을 가진 의사 덕분에 투병 생활 기간에 의학적인 내용을 자주 질문하고 심리적으로도 큰 위로를 받았다.

　암 전문의로 주치의가 바뀌고 며칠 되지 않았던 어느 날이었다. 그 척추 전문의는 안 좋은 소식을 전해 주기 위해 퇴근 전에 일부러 내 병실로 찾아왔다. 보통 오전에 다녀가면 주치의는 오지 않고 혹시 더 전할 사항이 생기면 인턴이나 레지던트가 전달할 사항을 전해 주는데, 그 의사는 오후 늦게라도 시간을 내서 병실을 찾아왔다. 담당 주치의도 회진 때나 보는데 참 보기 드문 의사였다. 그리고 그는 그날 힘든 말을 아주 지혜롭게 전달했다.

　"선생님. 좋은 소식부터 전할까요. 나쁜 소식부터 전할까요?"
　"나쁜 소식은 말하지 마시고 좋은 소식만 말해 주세요."

　이미 의사와 친근해져서 가벼운 농담도 하는 사이가 되었다. 의사는 내가 너무 놀라지 않게 말을 이어 갔다.

　"나쁜 소식 먼저 전하겠습니다. MRI를 보니까 암이 또 다른 부위에 전이되었습니다."

아! 얼마나 더 전이되어야 한단 말인가. 이미 현대의학으로 쉽지 않을 만큼 상황이 안 좋은데…. 의사는 부드럽지만 분명하게 사실을 말해 주었다.

"그런데 좋은 소식은 아주 작은, 아주 쪼그만 크기로 전이되었으니 그것은 치료하면 금방 나아집니다. 일찍 발견했으니 좋은 겁니다. 걱정하지 마십시오."

의사는 전이된 부위기 아주 작다면서 마치 유치원생에게 말하듯이 말투와 동작을 친근하게 했다. 어느 의사가 권위 없이 유치원생 같은 동작과 목소리를 내면서 환자를 안심시키는가. 그리고 그는 이어진 내 질문에도 아주 지혜롭게 대답했다.

"교수님. 암 4기는 말기라서 가망성이 없다고들 하던데요."
"누가 4기를 말기라고 합니까? 말기는 3년, 4년 되어서 이 약 저 약 다 써보고, 이 수술 저 수술 다 해 보았지만 안 될 때가 말기입니다. 선생님은 지금 아무 약도 아직 써보지도 않았고 수술이나 방사선도 시작도 안 했으니 말기가 아닙니다. 4기입니다. 4기랑 말기는 다른 겁니다."

나는 정말 좋은 의사를 만난 것 같다. 4기인들 말기인들 뭐가 그다지 다르랴. 하지만 환자가 불안해하면 병은 고치기가 더 힘들어진다. 환

나는 선교하려고 교회를 개척했다

자가 힘든 상황 가운데서도 잘 받아들이고 불안을 최소한 없애려고 하고 담대하게 투병 생활을 하는 것이 필요하다. 나는 의료적인 부분뿐만 아니라 환자를 안심시키고 병원의 지시에 따라 잘 치료하게 도와주는 의사를 잘 만난 것이다. 비록 그가 손목에 염주를 차고 있는 불교 신자이지만 그 예수님을 모르는 의사를 위해 이제는 내가 영혼의 주치의가 되고자 기도하고 있다.

그는 통증이 없다는 내 말을 그대로 받아들이고 축하한다고 했다. 자기네 병원은 병을 잘 치료하니 걱정 말라고 했다. 나중에 어떤 일이 생길지 모르는데, 상태가 어떻게 나빠질지 모르는 상황에서 의사가 이렇게 잘될 거라고 말하기란 쉽지 않을 것이다. 나는 그 의사 선생님 덕분에 마음의 안정을 찾는 데 큰 힘이 되었다.

"치료가 잘될 겁니다. 그런데 한 가지 나쁜 소식은 100세까지는 못 사실 것 같습니다."
"괜찮습니다. 저는 99세까지만 살면 됩니다."
"맞습니다. 저보다 오래 사시겠네요."

의사와 농담도 주고받을 정도로 마음의 안정을 유지했다. 게다가 의사가 환자랑 농담하러 병실을 찾아 준다니. 참 보기 드문 의사를 하나님은 만나게 해 주셨다.

🌸 늦어서 수술도 못 해요

하지만 입원한 지 3주가 지나가는데도 치료의 방향은 정해지지 않았다. 수술을 언제 어떻게 할지, 항암 약물치료는 대략 몇 회 정도로 시작할지, 방사선은 얼마나 할지 등등 아무것도 결정된 것이 없이 3주 동안 검사만 계속하고 있는 것이다. 아내는 이러다가 암이 점점 퍼지기만 해서 더 나빠질까 봐 초조했다.

3주가 지나자 병원에서는 더 이상 입원을 할 수 없으니 퇴원 수속을 밟으라고 했다. 수술을 대기하고 있는 환자가 밀려 있는데 검사 결과만 기다리며 마냥 입원해 있을 수는 없는 노릇이었다. 퇴원하기 전날 또 다른 의사가 말했다.

"검사 결과 선생님은 늦어서 수술도 할 수 없습니다. 수술은 1기나 2기에 하는 것인데 선생님은 4기입니다. 그러니 수술도 못 하고, 수술을 못 했으니 항암치료를 해야 합니다. 그런데 지금까지의 검사 결과는 고통스러운 항암치료 대신 그저 우리가 주는 약을 먹으면서 경과를 지켜봅시다. 다만 어떤 약을 쓰는 것이 선생님께 가장 좋을지에 대해 계속 연구하고 있으니 퇴원해서 일단 기다리세요."

의료진은 수술도 못한다는 상황을 말하며 쉽지 않은 투병 생활을 예고했다. 이렇듯 상황은 절벽으로 내몰리고 있었지만 그와는 반대로 내 마음속에는 내가 나을 것이라는 절대적인 믿음이 있었다. 하나님께서 지난주에 꿈에까지 나타나셔서 세 가지 질문까지 하셨는데, 게다가 내가 개척한 것을 잘했다 하시고 1년 치 임대료까지 후원받게 하셨으니 내가 낫는 것은 당연한 일이라고 눈곱만큼의 의심도 없이 믿었다.

의사가 다녀가고 나서 좋은 점은 수술을 안 하고 항암치료도 안 한다는 것이고, 나쁜 점은 수술조차 할 수 없는 상태라는 것이었다. 그날 나는 '수술할 수 있는 상태'가 축복이라는 것을 알았다. 아직 가능성이 있는 1기, 2기니까 수술할 수 있는 것이지 늦은 상태에서는 수술을 못 하기 때문이다. 그 이후 유튜브를 통해서 수술을 앞둔 환자들에게 용기를 주는 말들을 나누었다.

"지금 수술을 앞두고 두려워하시는 분이 계시지요? 맞습니다. 왜 불안하고 두렵지 않겠습니까? 과연 수술이 잘될까? 과연 수술만 하면 내 병이 나을 수 있는 것일까? 수술 후에는 또 얼마나 아플까? 여러 가지로 고민이 되실 것입니다.

하지만 이 사실은 알아 두세요. 지금 수술할 수 있다는 것이 축복입니다. 저처럼 너무 늦게 발견되면 아예 수술조차 못 합니다. 수술해도 의미가 없기 때문입니다. 그러니 일찍 발견하여 수술할 수 있다는 것만으로도 다행으로 생각하고 담대하게 수술에 임하세요. 여러분이 불안해한다고 해서 병이 더 좋아지지 않습니다. 오히려 불안해하면 더 안 좋습니다.

모든 것 주님께 맡기고 편안하게 한숨 잘 자고 나오세요. 하나님은 졸지도 주무시지도 않으십니다. 여러분이 수술받는 동안 주치의의 팔을 붙드시사 한 치의 오차도 없이 깨끗하게 수술을 인도하실 것입니다.”

> 보라 내가 너를 연단하였으나 은처럼 하지 아니하고
> 너를 고난의 풀무 불에서 택하였노라
> 나는 나를 위하며 나를 위하여 이를 이룰 것이라
> 어찌 내 이름을 욕되게 하리요
> 내 영광을 다른 자에게 주지 아니하리라(사 48:10)

나는 선교하려고 교회를 개척했다

19장

성령의 불 세례

퇴원하기 전에 의사가 신신당부한 말이 있었다. 폐암도 문제지만 척추에 암세포가 너무 많이 퍼졌으니 몸을 세워 일어나면 뼈가 부러지고 무너져 척추가 다 주저앉는다고 했다. 그러면 폐암보다도 척추암이 더 문제가 되니 최소한 3개월은 대소변도 받아 내면서 꼼짝없이 누워만 지내라고 했다. 의사의 당부를 받고 드디어 3주 만에 퇴원해서 집에 돌아왔다.

집에 들어가니 아내는 이미 퇴원 후 투병 생활을 할 만반의 준비를 다해 놓고 있었다. 그동안 병실에서 쓰던 침대를 구입하여 집에서도 투병하면서 누워 지내는 데 불편함이 없도록 준비했다. 그 침대는 누워서 몸을 일으킬 수 있도록 리모컨으로 매트리스를 절반이나 올릴 수 있는 침대였다. 음식도 침대에서 먹을 수 있도록 간이밥상이 있는 침대였다. 침대를 안방이 아닌 거실에 놓아두고 오고 가며 수시로 필요한 상황에 대해서 대처할 수 있도록 해 놓았다. 척추환자용 복대도 준비해서 최대한 척추를 고정시킬 수 있도록 했다. 족욕기, 붙잡고 걸을 수 있는 보조용 기구, 무엇보다도 내 입맛을 살릴 수 있는 맛있는 음식들을 많이 준비해 놓았다. 마치 VIP 특실 개인 병원에 온 것 같았다.

그러나 무엇보다도 집이 주는 편안함과 안정감은 병실에서 지낼 때와는 비교도 할 수 없었다. 아무리 병실에서 국내 최고의 의료진이 관리를 해 준다고 하더라도 내 집과는 비교할 수가 없는 것이다. 그 사실을 느끼면서 우리가 돌아갈 본향, 천국도 이럴 것이라는 생각이 들었다.

아무리 이 세상에서 좋은 집, 좋은 환경에서 부유하게 산다고 해도
하나님이 계신 천국과 비교할 수가 있겠는가.
또한 세상에 살면서는 누구나 여러 가지로
근심, 걱정, 불안, 염려가 있을 수밖에 없다.
하지만 우리가 돌아갈 본향, 아버지가 계신 천국에서는
이 땅에서의 기쁨과 즐거움과는 비교도 할 수 없는 행복이
준비되어 있다. 그리고 그 천국을 나는
3주 만에 돌아온 집에서 느낄 수 있었다.

병원에서는 옆 침대에 환자와 보호자가 있기 때문에 소리 내어 기도도 하지 못했고 찬송도 부를 수가 없었다. 늘 소리 없이 눈으로만 성경

나는 선교하려고 교회를 개척했다

을 읽고, 기도도 속으로 하고, 무엇보다 찬송을 부를 수 없어서 답답했다. 하지만 집에 돌아오니 숨통이 트였다. 인터넷으로 설교도 마음껏 들을 수 있다. 찬양도 마음대로 부를 수 있었고 성경도 소리 내어 읽을 수 있다. 이곳이 천국이구나. 이곳이 지상낙원이구나.

누군가는 웃을 것이다. '아니, 성경 읽고 찬송 부를 수 있는 게 당연하지 그걸 가지고 천국이라고 하다니.'

하지만 우리는 모른다. 우리가 얼마나 천국을 누리고 사는지. 코로나로 예배를 못 드리고 나서야 예배의 소중함을 알듯이, 일상의 평화가 깨어지고 나서야 우리는 비로소 알게 된다. 그 일상이 크나큰 축복이었음을.

항암치료는 안 하게 되었고, 수술도 못 하고, 이제 항암 약을 먹으면서 암을 다스리는 절차만 남았는데 어떤 약을 먹을 것인지에 대해서 처방을 받지 못한 채 퇴원을 했다. 병원에 있는 3주 동안 매일 피를 뽑아 갔고 무수히 많은 검사를 했지만 도대체 무슨 검사를 더해야 하고 무슨 결과를 더 기다려야 한단 말인가. 왜 이렇게 오래 걸리는 것일까? 다른 환자들도 다 이렇게 시간이 걸리는 것일까? 마음은 답답하기도 했지만 '주님께서 알아서 좋은 길로 인도해 주시겠지.' 평안을 유지하면서 성경 말씀과 기도와 찬양 가운데 하루하루를 보냈다.

🌸 성령의 뜨거운 불을 받다

집에 돌아와 며칠이 지났다. 그날도 성경을 읽어 주는 유튜브를 틀어 놓고 잠을 청했다. 창밖에는 여름 태풍이 온다고 해서 비가 거세게 내리고 있었고 아파트 베란다 창문을 치는 빗줄기 소리를 들으면서 잠이 들었나 보다.

얼마나 잠을 잤을까? 갑자기 내 몸이 마구 진동했다. 누워 있을 수 없을 만큼 몸이 들썩거리고 침대가 흔들리고 거실 바닥까지도 흔들리는 걸 느끼면서 눈을 떴다. 잠결에도 '아, 지진이 났구나.' 하는 생각이 들자 '나는 꼼짝도 못 하는데 어떻게 하지? 의사가 3개월간은 일어나지도 말고 누워만 있으랬는데 어떻게 지진을 피해서 아파트 밖으로 나가지?' 하는 생각이 불현듯 들었다.

그런데 이게 무슨 일인가. 갑자기 내 몸이 공중으로 붕~ 뜨는 게 아닌가? 천천히 천천히 몸이 공중으로 떠오르더니 하늘로 한없이 올라가고 있었다. 전혀 감각도 느낄 수 없었고 고소공포증 같은 두려움도 없었다, 수영장에서 배영을 배울 때 온몸에 모든 힘을 빼고 가만히 누워 있으라고 한 것처럼 온몸에 힘이 하나도 없이 편안한 상태로 나는 어디론가 하염없이 날아가고 있었다. 아까는 분명 태풍주의보가 내려서 비가 창문을 내리치고 있었는데 지금은 맑고 푸른 하늘의 구름 위

나는 선교하려고 교회를 개척했다

를 날아가고 있었다.

한참을 편안히 날아가다가 어느 순간 내 몸이 천천히 밑으로 내려가더니 어느 집 문 앞에 내려서게 되었다. 그 집을 보자마자 '아, 여기가 내가 태어난 바로 그곳이구나.' 하는 생각이 들었다. 어머님께서 병원에서 날 낳으신 것이 아니라 집에서 낳으셨는데 바로 내가 태어난 그 집 문 앞에 도착해 있었던 것이다.

대문을 열고 담장 안으로 들어가려는 순간 갑자기 '이 문 안으로 들어가면 다시는 바깥쪽 세상으로 돌아오지 못하는 건 아닌가?' 하는 생각이 불현듯 들었다. 어릴 적 좋아했던 〈전설 따라 삼천리〉나 TV 드라마에서 그런 대사가 많이 나왔던 것이 기억이 났다. 그러나 내 생각과는 상관없이 내 몸은 나도 모를 힘에 이끌려서 문을 열고 건물 안으로 들어가고 있었다.

내가 태어난 집의 손잡이를 열고 문을 조금 여는 순간, 집 안에는 강력한 빛이 흘러나왔다. 순식간에 뻗어 나오는 그 밝은 빛을 보자, 나는 그 밝음에 눈을 뜰 수 없어 나도 모르고 두 눈을 질끈 감았다. 눈을 감았는데도 여전히 빛을 강렬하게 느낄 수 있었다. 태양보다도 몇 배나 밝을 것 같은 그 빛은 내 몸 전체에 내리쬐고 있었다. 나는 눈을 감은 채 양손을 앞으로 뻗고 팔을 휘저으며 한 걸음 한 걸음 앞으로 나아갔다.

어느 정도 눈이 빛에 익숙해지면서 조금씩 실눈을 뜨고 앞을 바라보았는데 그곳은 숫자를 셀 수 없을 만큼 수없이 많은 방들이 있었고 수없이 많은 사람들이 지나다니고 있었다.

푸른 초장에는 푸르른 나무들과 아름다운 꽃들이 지천에 피어 있었고, 사람들은 너무나 행복한 얼굴로 웃으면서 지나다니고 있었다. 그렇게 아름다운 색깔을 본 적이 없었다. 그동안 살아가면서 본 자연환경의 아름다움과는 차원이 다른 아름다움이 펼쳐져 있었던 것이다. 나는 혹시나 내가 아는 사람이 있지는 않을까 하는 생각에 여기저기 찾아다니면서 한 시간을 넘게 헤매고 다닌 것 같았다.

내가 태어난 집의 문 입구부터 강력하게 내리쬐던 빛은 내가 여기저기 돌아다닌 그 시간 동안 머리끝부터 발끝까지 나를 계속 따라다니고 있었다. 태양보다도 몇 배 강렬한 빛이었지만 너무나 따스하고 포근했다. 몇 시간 동안 내리쬔 그 빛이 내 기분을 좋게 하고 편안하게 했다. 그러면서 내 머릿속에는 이런 생각이 들었다.

'아, 이 하늘에서 내리쬐는 빛으로 인해 내 몸 속에 암세포들은 다 죽어 버리겠구나. 지금 내가 성령의 불로 치료를 받고 있구나.'

나를 내리쬐는 기분 좋고 따스한 빛과 함께 아름다운 동산을 수 시간 동안 여기저기 구경하고 다녔다. 그러다가 '어? 그런데 내가 왜 여

나는 선교하려고 교회를 개척했다

기 있지?'라는 생각이 들자, 갑자기 빛이 사라지고 순식간에 우리 집의 거실 침대에 누워 있는 나를 발견하게 되었다.

창 밖에는 여전히 세찬 비바람이 몰아치고 있고 칠흑같이 캄캄한데 나는 몇 시간 동안 비 내리는 하늘을 넘어 구름 위의 세상으로 다니며 태양빛보다도 몇 배는 더 밝은 빛 가운데서 있었던 것이었다.

'아, 내가 성령의 불세례를 받았구나.
이제 성령의 불로써 모든 암세포가 죽었겠구나.
내 모든 세포는 건강하게 다시 살아나겠구나.
나는 더 이상 암 환자가 아니다.'

몸이 너무나 가뿐해지고 입맛도 돌아와서 모든 음식이 꿀맛 같았다. 먹어도 먹어도 주책없이 배가 고팠다. 하루 식사 3끼, 간식 3번씩 총 6끼를 먹어도 돌아서면 배가 고팠다. 아내는 음식을 준비하느라 힘들었겠지만 내 건강은 급속도로 회복되고 있었다.

> 그리하면 네 빛이 새벽 같이 비칠 것이며
> 네 치유가 급속할 것이며
> 네 공의가 네 앞에 행하고
> 여호와의 영광이 네 뒤에 호위하리니(사 58:8)

20장

암이 줄어들다

성령의 불 체험으로 이미 내 몸의 암세포는 죽었다고 확신하던 그 새벽 며칠 후 드디어 병원에서 연락이 왔다. 앞으로의 치료 방법이 정해졌으니 내원하라는 것이었다. '드디어 올 것이 왔구나. 본격적인 투병 생활이 시작되는구나. 항암주사는 몇 차례를 맞게 될까? 방사선은 얼마나 해야 할까? 이미 암세포가 죽었을 터이니 그다지 여러 차례 하지는 않겠지. 강인하게 잘 이겨 내자.' 스스로에게 다짐하며 병원으로 향했다.

병원에서 알려 준 예약날짜보다 일주일 전에 미리 가서 CT를 찍고 피검사와 X-ray를 찍었다. 그리고 일주일 후 정해진 시간에 주치의를 만났다. 주치의는 아무 말 없이 여러 장의 사진을 계속해서 넘겨 보았다. 진료실에는 정적만이 흐르고 오로지 차트를 넘기기 위해 마우스를 클릭하는 소리만 들릴 뿐이었다. 의사가 말없이 차트만 보는 그 시간

나는 선교하려고 교회를 개척했다

은 1초가 10분같이 느껴지는 시간이다. 의사는 꽤 오랜 시간 동안 차트를 여기저기 살펴보더니 드디어 입을 열었다.

"여기 보시면 두 장의 사진이 있죠. 첫 번째 사진은 한 달 전에 처음으로 병원에 오셨을 때의 사진입니다. 폐암이 4cm 넘게 크게 자리 잡고 있는 걸 볼 수 있죠. 그런데 며칠 전에 찍은 두 번째 사진에는 무슨 이유에서인지 1cm도 안 되게 작아졌습니다."

할렐루야! 그동안 수술을 한 것도 아니고 항암치료를 한 것도 아니고 방사선을 한 것도 아닌데 불과 한 달 만에 암이 스스로 작아진 것이다. 수술이나 항암치료나 무슨 조치를 취했으면 의료기술의 덕으로 암이 줄어들었다고 하겠지만 아무것도 하지 않은 채 암이 눈에도 거의 안 보일 정도로 작아진 것이다. 이것을 어떻게 현대의학에서 설명할 수 있단 말인가. 처음의 판정이 오진이라고 할 수도 없는 것이 처음 찍은 CT와 MRI상에는 암세포가 분명히 크게 보이지 않는가.

주치의는 약을 처방해 주면서 3개월마다 정기검진을 오라고 했다. 건강한 사람도 평소에 비타민만 먹더라도 여러 종류의 여러 개 알약을 먹게 되는데, 항암 약이라면서 아주 작은 알약 한 알만 먹으라고 했다. 그러면서 상황을 지켜보자고 했다.

놀라운 일이었다. 하나님의 기적이었다. 아무것도 안 했는데 암이

아주 작아지다니. 이미 여러 군데 전이된 4기 암 환자에게서 암들이 눈
에 안 보일 만큼 작아지다니. 오로지 나를 치유하시는 하나님의 말씀
을 믿으며 담대하게 기도한 결과였다. 나를 위해 중보 기도해 주신 성
도들과 수많은 동역자들의 기도에 하나님께서 응답해 주신 것이었다.

🌸 기도의 동역자

병원에서 한 치 앞을 예측할 수 없을 만큼 상황이 위태로울 때 여러
분들께서 위로해 주셨다. 아프리카의 선교사는 매일 통화하면서 방언
으로 치유의 선포를 해 주셨다.

> *"사탄이 아프리카 선교를 방해하고*
> *목사님의 목회를 방해하고자*
> *잠시 잠깐 우리를 힘들게 했지만,*
> *이미 승리는 주님의 것입니다.*
> *좋으신 하나님께서*
> *승리의 팡파르를 울려 주실 것입니다."*

부산의 어느 전도사는 매일 치유의 문자를 보내면서 전화 통화할 때
마다 용기를 주셨다. 월요일마다 집으로 찾아와 기도해 주신 목사님,

나는 선교하려고 교회를 개척했다

마음이 흔들릴 때마다 전화로 1시간씩 대화하며 기도해 주신 목사님, 직접 병원으로 찾아와 로비에서 만나 안수기도해 주시는 목사님들도 계셨고. 교회 권사인 누나는 내가 흔들릴 때마다 위로와 힘을 주며 흔들리지 않도록 중보했다. 잠시 동안 공기 좋은 곳에 가서 요양도 했는데 거기서 목사님의 매일 치유 기도를 통해 큰 힘을 얻기도 했다. 많은 기도의 동역자들로 인해 힘을 얻어 흔들리지 않고 병에서 치유되는데 큰 도움을 얻었다. 본인의 기도와 더불어 기도해 주는 중보기도의 힘은 강력하다.

> 너희 중에 병든 자가 있느냐
> 그는 교회의 장로들을 청할 것이요
> 그들은 주의 이름으로 기름을 바르며
> 그를 위하여 기도할지니라
> 믿음의 기도는 병든 자를 구원하리니
> 주께서 그를 일으키시리라(약 5:14-15a)

투병 생활을 하면서 몇 년 전에 병원 치유 찬양 선교를 다니던 때가 생각이 났다. 병원 예배 시간이 되면 환자들이 모여들었다. 병원 예배에는 교회를 다니는 환자들뿐 아니라 비신자들도 많이 참석한다. 건강하고 잘나갈 때는 아무리 전도해도 거들떠보지도 않던 그들이지만 막상 몸이 아프고 수술을 앞두고는 스스로가 위로를 얻기 위해 예배를 찾아오는 것이다. 그래서 이 시대 마지막 전도의 보루가 병원 예배라는 말들을 한다.

병원 예배에 링거를 꽂고 자기가 걸어서 예배실에 오는 사람은 멀쩡한 사람이다. 휠체어를 타고 오거나 심지어 침대에 누워서도 예배를 드리러 온다. 얼마나 예배를 통해 위로와 새 힘을 얻고 싶으면 그럴까 생각하니 늘 마음이 아팠다.

병원 사역을 할 때는 자원해서 하던 사역 정도로만 생각했는데 막상 내가 아프고 보니 몸이 약해졌을 때 심령의 위로를 받는 것이 얼마나 힘이 되는지 여실히 느끼게 된 것이다. 그래서 성도들의 아픔을 내 아픔으로 여기는 마음이 암에 걸리기 이전과 이후는 비교할 수도 없을 만큼 달라졌다. 하나님께서 치유 사역의 지경을 더 넓히시고 영성이 더 깊어지게 하신 것이다.

지금 의사는 암이 줄어들고 상태가 너무 좋다고 얘기했다. 그러면서 '저희 병원이 치료 잘합니다.'라고 말했다. 아니, 무슨 약을 쓰거나 수술을 하거나 했어야 병원 치료의 효과가 나타났다고 하겠지만, 그동안 검사만 했는데 치료를 잘한다니. 속으로 웃음이 났지만 그저 빙긋 웃으면서 의사의 말을 듣고 있었다.

나는 선교하려고 교회를 개척했다

🌸 점진적인 치유의 이유

그리고 나는 또 다른 의문이 들었다. 그동안 성령의 불세례를 통해서 모든 암이 다 사라졌음을 몸으로 느끼고 있었는데, 왜 의사는 아주 작은 암이 남아 있다고 했을까?

물론 4cm 크기의 암이 1cm도 안 되게 작아진 것 자체로도 기적임에는 분명하지만, 며칠 전 새벽에 하늘을 날아다니며 성령의 불 체험을 받은 후에도 암 덩어리가 즉각적으로 완전히 없어지지 않은 것은 무슨 뜻일까? '어? 다 나았습니다. 암이 하나도 없습니다.'라는 대답을 기대했던 나로서는 약간의 실망감이 들 정도로 나는 치유에 대한 한 치도 의심 없는 믿음이 있었다. 그 의심 없는 믿음이 치유를 가능하게 했을 것이다.

90% 이상의 치유가 일어났지만 100% 즉각적인 치유가 나타나지 않은 이유는 무엇일까? 하나님은 그 이유에 대해서도 기도 중에 알게 하셨다.

꽃병에 예쁜 장미꽃이 꽂혀 있다. 잎사귀도 싱싱하고 좋은 향기도 난다.
예쁜 모습을 지닌 채 마치 살아 있는 것처럼 꽃병에 꽂혀 있을 것이다.
하지만 이 꽃은 이미 뿌리가 잘려서 생명은 없는 꽃이다.
아무리 예뻐도 이제 그 생명은 얼마 안 남은 것이다.

암도 마찬가지다. 이미 암세포는 죽었지만 몸에서 완전히 없어지기까지는 다소간의 시간이 걸릴 것이다. 그래서 지금 1cm도 안 되게 남아 있다고 하는 것이다.

하나님은 기적을 베푸셔서 암이 급속도로 치유되게 하셨지만 인간인 내가 해야 할 부분도 있는 것이다. 약간 남아 있는 병의 뿌리까지 없애 버리기 위해 약도 먹고 충분한 휴식도 취하고 하루 종일 성경 말씀 가운데 충만히 거하는 것. 이것은 병의 과정 중에 있거나 나음을 입은 사람들이 해야 할 몫이다.

어떤 사람은 하나님의 큰 은혜로 치유받아 단번에 모든 암이 깨끗해질 수도 있다. 성경에도 단번에 앉은뱅이가 일어나고 장님이 눈을 뜬 사실이 얼마나 많이 증거되어 있는가. 환자라면 누구나 즉각적인 치유를 모두가 원한다.

하지만 그렇게 되면 스스로 자만하거나 감사의 마음이 그리 길게 유지되지 못할 수도 있다. 열 명의 문둥병 환자가 즉각적인 치유를 받았지만 그중에서 예수님께 돌아와서 감사를 표시한 사람은 단 한 명이었다. 병이 나은 후에는 하나님의 은혜가 아니고 우연히 나았다거나 나을 때가 되어서 나았다거나 하는 사람들이 많다. 이유는 모르지만 낫게 되었으니 병 고침을 받고도 또다시 예전의 습관으로 돌아가는 사람들이 얼마나 많은가.

나는 선교하려고 교회를 개척했다

하나님께서는 때로는 즉각적인 고침을 주시고 때로는 점진적인 치유를 주신다. 어느 것이 더 낫다고는 할 수 없다. 우리는 모든 병에서 즉각적인 치유가 일어나기를 원하지만, 만약 즉각적으로 고침받고 또 쉽게 그 은혜를 잊어버리기보다는, 점진적인 치유를 통해 신앙을 굳건히 간직할 수 있다면 그게 더 좋을 수도 있는 것이다.

의사는 한 달 만에 암이 급속히 줄어든 이유를 알지 못하지만 나는 알고 있다. 그것은 하나님의 능력이요 하나님의 일하심이다. 계속해서 목회를 강건하게 하라는, 아프리카 선교사역을 계속해서 해 나가라는 하나님의 인도하심이다.

> 내 이름을 경외하는 너희에게는
> 공의로운 해가 떠올라서 치료하는 광선을 비추리니
> 너희가 나가서 외양간에서 나온 송아지 같이 뛰리라(말 4:2)

마르웨 교회에서 말씀의숲 담임목사님의 치유를 위해
통성기도합니다

PART IV

하나님의 손에 붙들린 선교사역

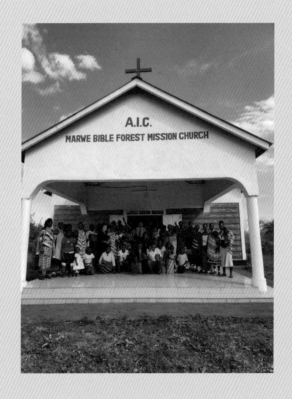

21장

아프리카 교회 건축 완공

후원교회 담임목사가 아프다는 소식이 아프리카 선교사들에게 전달되었다. 선교사들은 충격을 받았다. 심각한 암에 걸리고 전이까지 된 담임목사가 곧 하늘나라로 갈지도 모른다는 절박한 생각에 교회 건축에 속도를 냈다. 나중에 알게 된 사실이지만 '후원교회 담임목사님 돌아가시기 전에 건축을 완성하자!'라는 일념으로 공사장에서 잠을 자면서까지 교회 건축을 하신 것이다. 아프리카 성도들이 모여서 내 치유를 위해 통성으로 부르짖어 기도하는 동영상을 보면서 적잖은 위로를 받았다.

교회 완공을 위해 속도를 내고는 있지만 최종 완공하기까지는 여전히 건축비가 부족했다. 계속 건축 헌금을 보내서 마무리해야 하는데 내가 누워 있으니 어찌할 방법이 없었다. 이대로 교회 공사가 중단되어야 하는 것인가. 벽돌만 쌓고 또다시 누군가의 후원을 기다리면서 멈춰야 하나. 지금까지의 성도들의 수고와 후원자들의 노력이 물거품이 되는가. 내가 아프고 나서는 선교의 물질이 완전히 끊겨 버려서 더이상 후원을 이어 갈 수 없었다.

그런데 하나님은 내가 아무것도 못할 때도 큰일을 이루시는 하나님이셨다. 하나님은 또다시 절묘한 방법으로 부족한 건축비를 해결해 주셨다. 바로 내가 암 보험금을 타게 된 것이었다. 평소에 암보험을 크게 들지 않아서 그다지 많이 받지는 못했지만 그래도 약간의 목돈을 암보험금으로 타고, 건축의 부족한 부분을 암 보험금으로 보태어서 결국보내기로 한 액수를 절묘하게 채울 수 있었다.

> *"목사님. 안 됩니다. 이 돈만큼은 받을 수 없습니다.*
> *앞으로 약값이며 치료비도 많이 들 텐데,*
> *그리고 생활비도 필요할 텐데*
> *목사님의 목숨값으로 보험금을 탔으니*
> *이 돈은 절대 받을 수 없습니다."*

케냐 선교사는 극구 사양하셨지만 하나님께서 주신 돈이니 결국 부족한 건축 헌금을 채워서 아름답게 건축을 완공하게 되었다. 교회 개척 1주년 되던 기념일에 2개의 아프리카 교회가 세워졌다. 케냐 마르웨 말씀의 숲 교회와 르완다 부쿰바 말씀의 숲 예배당이었다.

성도 한 명도 없이 갓 개척한 상가 교회가 1년 만에 2개의 교회를 아프리카에 세운 기적은 우리 성도들을 흥분하게 했고, 이 소식을 들은 다른 교회 성도들도 함께 기뻐하면서 축하해 주었다. 큰 교회들도 코로나로 가장 먼저 긴축재정을 하는 분야 중 하나가 선교비인데 이 작은 교회가 2개의 교회를 세우다니! 이것은 하나님의 일하심이 아니고서는 설명될 수 없는 일이다.

나는 성도들에게 늘 이런 질문을 한다.

"우리가 돈이 있어서 아프리카에 건축할 수 있었습니까?"
"아닙니다!"
"그럼 이 건축은 누가 하신 것입니까?"
"하나님께서 하셨습니다!"
"그렇다면 우리가 자랑할 것이 있습니까?"
"없습니다!"

담임목사가 아프리카에 교회 짓자고 했더니 다 좋다고 찬성하고 따라 준 교인들. 담임목사가 암에 걸리자 담임목사의 치유를 위해 기도하며, 가난한 형편이지만 정성껏 헌금한 성도들.

나는 정말 큰 교회가 부럽지 않다. 우리 말씀의 숲 교회는 진정 작지만 큰 거인 같은 교회다. 요한계시록에 빌라델비아 교회는 소아시아 일곱 교회 중에 가장 작고 연약한 교회였다. 하지만 빌라델비아 교회는 책망은 없고 온전히 칭찬만 들은 교회였다. 당시에 에베소 교회나 라오디게아 교회는 물질적으로 풍요로운 교회였다. 하지만 그 물질이 그들의 신앙을 지켜 주지는 못했다. 반면 작은 능력을 가진 교회였지만 하나님으로부터 칭찬만 들은 빌라델비아 교회는 교회의 크기나 물질과는 상관이 없음을 보여 준 교회이다.

나는 꿈꾼다. 우리 말씀의 숲 교회가 빌라델비아 교회 같은 교회가 되기를. 나아가 우리나라의 모든 교회가 빌라델비아 교회처럼 책망은 없이 칭찬만 받는 교회들이 되기를. 그리하여 죽어 가는 영혼들을 살리는 일에 모든 것을 다 바치는 교회가 되기를.

> 그 주인이 이르되 잘하였도다
> 착하고 충성된 종아
> 네가 적은 일에 충성하였으매
> 내가 많은 것을 네게 맡기리니
> 네 주인의 즐거움에 참여할지어다 하고(마 25:21)

케냐 말씀의 숲 교회 입당예배

입당예배에 참석하신 케냐 목회자들

입당예배에 참석한 성도들

찬양하는 성도들

개척교회의
야무진 꿈

개척을 시작하며 내 교회 짓기 전에
먼저 아프리카에 교회를 세우고 싶었습니다.
그래서 선교를 소망하며 기도하고 시작했습니다.

2020년
기적의 한 해였습니다

케냐와 르완다에
2개의 교회를 세우게 되었습니다.

하나님께서 소중한 성도님들과
귀한 후원을 보내주셔서
케냐와 르완다에 두개의 교회를 건축했습니다.

케냐 마르웨 말씀의숲 교회　　　　　　르완다 부쿰바 말씀의숲 교회

22장

또 다른 아프리카 선교를 꿈꾸다

2019년 8월에 교회 개척. 2020년 2월 코로나 사태 시작. 2020년 6월 담임목사 암 발견. 2020년 8월 아프리카에 2개의 교회 건축.

뒤돌아보니 숨 가쁘게 달려온 1년의 시간이었다. 하나님은 작은 개척교회를 가만 놓아두지 않으시고 하나님의 일을 계속 이루어 나가셨다. 교회 1주년이 되면서 아프리카에 2개의 교회가 지어진 것은 요즘 같은 코로나의 시대에, 기독교가 점점 힘을 잃어 가는 시대에 하나님의 일하심이 아니고서는 설명될 수 없는 일이었다.

하나님의 은혜로 건강이 점점 회복되어 2020년 후반기의 교회 사역을 무사히 마무리하고 새해를 맞이했다. 2021년 새해가 밝으면서 하나님은 마음속에 또 다른 꿈을 주셨다. 그것은 5년 전에 아프리카에서 이미 보여 주신 꿈이었다.

🌸 5년 전에 보여주신 꿈

아프리카 단기선교를 할 때 일이다. 탄자니아에서 사역을 마치고 케냐로 장소를 옮겼다. 탄자니아에서 버스를 타고 10시간을 달려 케냐 말린디라는 도시에 도착했다. 장거리 이동에 지칠 만도 하지만 팀원들은 게스트하우스에 짐을 풀고 곧바로 사역을 시작했다.

아프리카에는 포장된 도로가 없이 대부분 비포장도로다. 그래서 사역을 마치고 돌아오면 온 몸이 흙먼지와 땀으로 범벅이 되어 숙소에 돌아오자마자 제일 먼저 몸을 씻어야 한다. 그날도 숙소로 오자마자 샤워기를 틀었다. 몸에 약간의 물을 적시고 샴푸와 비누칠을 하고 다시 샤워기를 틀었는데 물이 나오지 않았다. 할 수 없이 대충 물기만 닦고 2층 내 방에서 1층에 있는 사무실로 내려갔다.

사무실에 있는 직원에게 물이 나오지 않는다고 하니 기술자를 불러서 고쳐 주겠다며 일단 1층 빨래터에 물을 받아 놓은 게 있으니 오늘은 그걸 쓰라고 했다. 할 수 없이 2층까지 세 번에 걸쳐 물양동이를 옮기면서 약식으로 샤워를 했다.

다음 날도 선교사역을 마치고 돌아왔지만 여전히 물이 나오지 않았다. 그날은 길어 놓은 물도 없으니 직접 물을 길어서 가져다 써야 했

나는 선교하려고 교회를 개척했다

다. 그러면서도 내일은 물이 나오겠지 하는 희망을 가졌다.

하지만 셋째 날도 물은 여전히 나오지 않았다. 부르겠다는 기술자는 사흘이 되도록 연락도 안 되었다. 3일째 제대로 샤워조차 하지 못하자 그동안 누르고 있었던 불평이 터져 나왔다. 일반 가정집에서야 물이 부족한 아프리카니까 이해할 수 있다지만 여기는 돈을 받고 운영하는 게스트하우스가 아닌가. 그렇다면 최소한의 준비는 해 놓고 사업을 해야 할 것이었다. 그래서 그동안은 점잖게 지나갔지만 오늘은 좀 제대로 따져야겠다는 마음으로 2층 숙소에서 1층으로 내려가고 있었다.

그때였다. 2층에서 1층으로 향해 있는 계단을 절반쯤 내려갔을 때였다. 갑자기 이런 마음의 울림이 들려왔다.

'너는 지금 사흘 동안 물이 안 나온다고 불평하느냐?
이 나라 사람들은 평생 동안 물 없이 산다.'

그 마음의 소리가 들리는 순간 나는 발에 맥이 풀리면서 바닥에 주저앉았다. 광야에서 하나님이 주신 만나를 먹으면서도 불평을 하는 이스라엘 백성들이 생각이 났다. 내가 그 이스라엘 백성들과 다를 바가 뭐가 있는가 하는 생각이 들었다.
그것은 진정 하나님이 주시는 마음이었고, 나를 훈련시키시는 과정이었다. 현지인들만큼 힘들지도 않는데 뭘 그렇게 힘들어하느냐. 가난한 현지인들의 삶은 얼마나 어려운지 아느냐.

하나님은 나에게 최종적으로 이런 마음을 주셨다.

"네가 이 나라 사람들의 생수가 되어라"

사흘간 물이 안 나오는 경험을 한 이유가 바로 물의 소중함을 직접 체험하게 하기 위함이었고, 이들에게 육체의 물 뿐만이 아니고 영혼의 생수도 채워 주라는 말씀으로 들렸다. 나는 그 말씀이 무엇을 의미하는지 계속 고민했다. 처음에는 아프리카 선교사가 되어 이들에게 영육간에 생수를 제공하라는 뜻으로 생각했다. 하지만 아프리카에 있으면서 계속 선교사의 길을 알아보았지만 될 듯 될 듯 하면서도 그 길이 열리지 않았다.

🌸 또 다른 선교사역! 우물 짓기를 선포하다

한국에 돌아와서도 아프리카에 대한 마음은 늘 떠나지 않고 있었고, 교회를 개척하면서 첫 번째 사역으로 아프리카에 교회를 지어 주었던 것이다. 나는 진정으로 선교하려고 교회를 개척한 셈이 되었다. 하나님은 그 일을 위해 아프리카 선교를 경험하게 하셨고 나는 그 부르심

나는 선교하려고 교회를 개척했다

에 순종했을 뿐이었다. 그리고 2021년 새해를 맞으면서 또다시 성도들에게 폭탄선언을 했다.

"지난 1년간 우리 교회와 함께하신 하나님께서
올해엔 또 다른 사역을 하라고 하십니다.
목마른 아프리카에 우물을 하나 파 줍시다."

사실 이쯤 되면 성도들이 '목사님. 이제 그만하세요. 그동안 교회를 2개나 세운 것도 대단한 일 한 겁니다. 이미 하나님이 기뻐하십니다. 이제 몸도 좀 추스르면서 일단 우리 교회만 먼저 생각하시고 선교는 교회가 성장하면 차차 해 나갑시다.' 이렇게 말할 만도 한데 아무도 반대하지 않았다. 참 이상한 목사요 참 이상한 성도들이었다. 하나님께서 대책 없는 돈키호테 목사와 순수한 성도들이 만나게 하셔서 일을 이루어 가시는 것이다.

일단 우물을 파는 데 얼마의 돈이 드는지 알아보았다. 아프리카에 우물을 파는 NGO 단체는 여러 군데가 있었는데 단체마다 우물 파기 비용이 1천만 원에서 3천만 원까지 다양했다.

또다시 지인들에게 우물 파기 소식을 알리고 SNS에도 올렸다. 그랬더니 이번에도 지인들과 더불어 알지도 못하는 분들로부터 연락이 와서 한 달 만에 우물을 팔 수 있는 돈이 모이게 되었다. 참 놀라운 일이었다. 어찌하여 이런 일이 계속 일어난단 말인가.

마치 하나님께서 후원할 사람들을 다 마련해 놓으시고
내가 시작하기만을 기다리시다가 내가 일을 시작하자마자
일을 이루시는 것 같은 생각이 들었다.

1월에 모금을 시작하고 한 달 만인 1월 마지막 주에 우물 헌금을 기부하는 아프리카 주간을 정했다. 그날 아프리카에 우물만 20년을 판 Team&Team이라는 NGO 단체를 선정하여 우물 파기 약정식을 하고 기부금을 전달했다. 우물 파기 약정식을 하는 날, 팀앤팀 백강수 이사장이 교회를 방문하더니 깜짝 놀라면서 말했다.

"사실 저는 섬기는 교회에서 장로이기 때문에 주일을 빠지기 힘들어서 약정식에 잘 가질 않습니다. 하지만 요즘 같은 코로나 시대에 도대체 어떤 교회길래 너무나 궁금해서 오늘 와 봤습니다.

오기 전에는 그래도 어느 정도 규모가 있는 교회이겠지 하고 생각했는데 솔직히 깜짝 놀랐습니다. 시골 조그만 건물에 있는 외관으로 무척 가난한 교회로 보였기 때문입니다.

아프리카에 우물을 기부한다며 좀 여유가 느껴지는 교회가 아닐까 하는 제 짐작이 완전히 빗나갔습니다. 하지만 교회는 건물개념이 아님을 오늘 와 보고 더욱더 알게 되었습니다.

나는 선교하려고 교회를 개척했다

내 교회 건축보다는 교회가 절실한 어려운 아프리카에 교회를 짓는 일을 더 소중히 여기는 교회입니다. 목마른 자에게 물을 마시게 하는 것이 주께 하는 일이라는 목사님의 말씀에 공감합니다. 말씀의 숲 교회는 피톤치드 대신 생명이 흐르는 교회입니다."

백강수 이사장의 소감은 우리 말씀의 숲 교회의 사역을 정확하게 대변해 주는 표현이었다.

교회는 건물이 아니다.
그 안에서 살아 넘치는 예수님의 생명력이 교회의 본질이다.
건물은 크고 화려하지만 술집으로 팔려 버린
유럽의 수많은 교회들에는 예수의 생명이 없다.
반면, 작고 작은 상가 교회에서도
예수의 생명은 얼마든지 퍼져 나갈 수가 있는 것이다.

작은 한 개의 우물을 파면 그 마을 700여 명의 사람들이 생수를 얻고, 이웃마을에도 물을 나눠 줄 수 있다고 한다. 아프리카 사람들뿐 아니라 작은 섬김으로 큰 사랑과 기쁨을 선물 받은 우리 교회가 더 남는 장사를 했다. 이 남는 장사에 더 많은 사람들이 동참하기를 바란다.

가련하고 가난한 자가 물을 구하되
물이 없어서 갈증으로 그들의 혀가 마를 때에
나 여호와가 그들에게 응답하겠고
나 이스라엘의 하나님이 그들을 버리지 아니할 것이라(사 41:17)

나는 선교하려고 교회를 개척했다

23장

우물은 생명입니다

아프리카에서 만난 아이들은 두 종류였다. 한 학기에 3~4만 원의 등록금을 낼 수 있어서 학교에 다니는 아이들과 그 돈이 없어서 학교에 다니지 못하는 아이들. 지역마다 다르겠지만 대도시 아이들은 학교 다니는 경우가 많을 것이고, 내가 방문한 지역은 아마 10%도 안 되는 아이들만이 학교를 다닐 수 있을 것이다.

그럼 학교를 못 다니는 아이들은 낮 시간을 어떻게 지내는가? 남자아이들은 물과 풀을 찾아 가축을 몰고 다니고, 여자아이들은 엄마를 도와서 하루에도 물을 두세 차례 길으러 가는 경우가 많다. 그래서 차를 타고 가다 보면 머리에 물 항아리를 이고 삼삼오오 줄지어 물을 길으러 가는 엄마와 딸들을 심심찮게 볼 수 있다.

차를 타고 가다가 물 긷는 웅덩이를 보았다. 동네에서 1~2시간씩 떨어진 웅덩이를 찾아 물을 길어오는데 그 물마저 깨끗한 물이 아니었다. 흙탕물이고 오염된 물이었다. 흙탕물을 항아리에 받아서 집에 가져가서 하루 정도 가만히 놓아두면 흙과 오염 물질을 밑으로 가라앉게되고, 사람들은 윗부분의 물을 떠서 마신다. 하지만 여전히 그 물에는병균이 있어서 몸이 약한 아이들은 설사와 장티푸스 같은 수인성 전염병과 말라리아에 걸리게 되는 것이다.

때로는 10㎞도 넘는 곳에 가서 물을 길어오는 경우도 있는데 먼 길을 걸어가다가 강도의 위험과 야생동물의 위험을 만나기도 한다. 실제로 아이들이 물을 긷다가 흙탕물 속에 숨어 있는 악어를 못 보고 물려죽는 경우도 있다.

더군다나 2020년부터는 코로나 19로 외부로 나가는 것이 금지되고지역이 봉쇄되는 이때, 아프리카에서는 더더욱 물 얻기가 힘들어진 것이다. 아예 집 밖으로 나갈 수조차 없게 된 것이다. 그래서 아프리카사람들은 동네에서 손쉽게 구할 수 있는 우물의 절실함이 더 심해졌다. 이때 우리 말씀의 숲 교회가 아프리카 한 마을과 연결된 것이다.케냐 남부 '타나리버' 지역의 '음드지완제'라는 마을이었다.

교회나 단체에서 우물 파기 의뢰가 들어오면 현지 NGO 단체에서는지질조사를 통해 물이 나올 수 있는 곳을 선정한다. 그리고 지역 수자원부에 지하수 개발사업 허가를 받는다. 허가가 나오면 해당 지역 지

나는 선교하려고 교회를 개척했다

층에 굴착기로 30m 길이의 관을 꽂아 넣는다. 이것을 드릴링(Drilling) 작업이라고 한다. 그런데 한 번의 굴착으로 성공하는 것이 아니라 물이 있을 만한 곳 여러 군데에 구멍을 뚫게 된다. 물줄기를 찾으면 이제는 흙이 무너지지 않도록 케이싱(casing) 작업을 한다. 그 후 수돗가에 시멘트로 물 받을 곳을 만든 후 파이프를 연결하고 수도꼭지를 완성한다. 땅속에서 힘차게 솟아나오는 지하수는 생명의 물 그 자체였다.

이번에 완성된 지하수를 통해서 지역 주민 700명이 깨끗한 물의 혜택을 받게 된다. 그리고 이웃 마을 주민들에게도 물을 나누어 주게 된다. 한 교회의 작은 헌신이 주변 여러 지역의 수백, 수천의 사람들이 건강한 삶을 사는 데 도움을 주게 된 것이다.

우물을 만들어 주면 아이들은 이제 먼 길을 걸어서 물을 길어오지 않아도 되고, 엄마는 먼 길을 걷지 않아도 되니 가사에 더 몰두할 시간을 갖게 된다. 무엇보다 아이들이 학교를 갈 수 있게 된 것이 큰 기쁨이다.

케냐 타나리버 지역 음드지완제 마을에 우물이 생기자 그 마을의 주민대표가 감사편지를 보내왔다. 케냐 음드지완제 주민들이 깨끗한 물을 통해 건강한 생활을 하고, 영적인 생수 되시는 예수님을 모두가 만나기를 간절히 기도한다.

> 하나님 앞에서 정결하고 더러움이 없는 경건은 곧 고아와 과부를
> 그 환난 중에 돌보고 또 자기를 지켜 세속에 물들지 않게 하는 것이라(약 1:27)

감사편지

말씀의 숲 교회 후원자님께서 보내주신 깨끗한 물은 건강한 삶과 잊었던 꿈을 다시 꿀 수 있는 희망으로 전해집니다.

Mdzi-wanze(음드지 완제)마을에 설치된 지하수 펌프로 인해 진료소와 주변 마을 주민들이 깨끗하고 안전한 물을 사용하게 되었습니다.
여성들은 물을 길으러 가는 시간에 경제활동에 참여하고, 아이들은 공부할 기회가 주어지고 꿈을 키워갑니다.

'음드지 완제' 마을 주민 대표의 감사편지

우리 마을에 안전한 마실 물을 제공해주신 말씀의 숲 교회와
팀앤팀에 감사드립니다.
코로나19가 발생한 이후로, 주민들은 물을 구하고자 했지만
감염병 예방 수칙으로 밖에 나갈 수 없어 지속할 수 없었습니다.
그래서 우리는 팀앤팀에 긴급 지원을 요청했고,
아주 운이 좋게 우물을 팔 수 있게 되었습니다.
덕분에 주변 지역사회도 우리들의 도움을 받을 수 있게 되었습니다.
꼭 필요한 시기에 희망이 되는 후원을 해 주셔서
주민들이 이웃을 돕는데에도 큰 도움이 될 수 있었습니다.
마을을 대표하여 저의 겸손한 감사의 인사를 드립니다.
신의 축복이 후원자님과 후원자님의 인도적 지원에
계속 되길 바랍니다.
다시 한번 감사 드리고 축복합니다.

Ronald Mogire 드림

24장

아프리카에 집을 지어 주다

    나는 가만히 있지 못하는 성격이다. 하루라도 집 밖에 나가 콧바람을 쐬지 않으면 두통으로 머리가 아플 정도로 매일 밖으로 나가야 하는 성격이다. 어릴 적 할머니가 잠시도 집에 있지 못하는 방물장사였다고 하는데 아마도 할머니의 유전자가 내 속이 있나 보다. 집에 돌아와서 녹초가 되어 있지 않으면 오늘 하루를 열심히 살지 못했다는 생각을 할 정도였다.

    그러다 보니 작사, 작곡, CCM 찬양 사역자, 음반 제작, 시인, 작가, 자기계발 강사. 스피치 강사, 레크레이션 강사 등 다양한 일을 하며 열심히 살았다. 심지어 미국에서는 오페라에도 나가서 순회공연을 다니기도 했다. 이런 내 모습을 보고 '멀티플레이 인생'이라는 표현을 쓰는 분들도 있었다.

    2021년 1월에 우물 파기 모금을 하고 모여진 헌금을 NGO 단체를 통해 전달했다. 그리고 나니 하나님은 멀티플레이 인생에게 또 다른 비전을 주셨다. 아프리카에 교회를 지으면서 여러 선교사들과 교제를 나누었는데 그때 나눈 대화가 생각이 난 것이다. 선교사들과의 대화를 통해 아프리카 사람들이 가장 좋아하는 것이 무엇인지 알게 되었다. 그것은 집을 지어 주는 것이었다.

🌸 아프리카 사람들에게 집을 선물하다

케냐와 탄자니아에 갔을 때 긍휼 사역으로 가난한 집들을 방문해서 밀가루와 생필품을 나눠 준 적이 있었다. 그때 그들이 사는 집은 우리나라의 가축우리보다도 못한 집들이었다. 시멘트나 벽돌을 살 돈이 없으니 소똥으로 말려서 굳힌 다음에 진흙을 섞어 집을 만들어 살고 있었다. 소똥으로 만든 집은 금세 갈라지고 비가 오면 물이 다 들이치게 된다. 좁디좁은 집에서 여러 식구가 방 한 칸에서 사는데 위생을 생각할 수도 없을 만큼 열악한 환경이었다. 게다가 아이만 낳고 남편이 도망가서 홀로 아이들 키우는 싱글맘들이 많았다. 남편이 있는 가정도 대부분 알코올 중독자들이었다. 그러니 그들 가정의 경제적 상황은 너무나 어려웠다.

어느 선교사는 그들을 위해서 집을 전문적으로 지어 준다고 했다.

집을 지어 주고 자연스럽게 그들을 교회로 인도하여 예수를 믿게 하니 교회를 짓는 것만큼이나 하나님이 기뻐하시는 복음 사역일 것이다.

벽돌로 제대로 집을 지으려면 700만 원이 드는데 함석으로 집을 지으면 2~3일이면 지을 수 있고 돈도 70만 원으로 1/10밖에 안 든다고 했다. 우리 생각에는 함석이 열을 흡수하니까 낮에 너무 더울 것 같은데 그 나라 사람들은 워낙 더위에는 강한 체질이라서 잘 지내고 다들 집에 생겨서 너무 좋아한다고 했다. 700만 원으로 한 채의 벽돌집을 짓기보다는 같은 돈으로 열 명에게 혜택을 줄 수 있으니 얼마나 좋은 방법인가. 게다가 아프리카 사람들의 생활도 개선해 주고 복음도 전할 수 있으니 너무 좋은 사역이라고 생각해서 집을 지어 주기로 결심을 했다.

그런데 한편으로는 걱정이 되었다. 목사가 너무 선교에만 몰두하니까 성도들이 힘들어 하지 않을까. 경제적인 여력이 있는 교회도 아니고 이제 열 명 남짓 모이는 교회에서 매달 임대료도 내기 힘든데 왜 자꾸 목사님은 선교만 하려고 하시나 성도들이 우려하지 않을까. '목사님. 이만큼 하신 것도 많이 하신 겁니다. 이제는 일단 내실을 기하고 나서 남을 도웁시다.' 하는 말을 하지는 않을까.

충분히 일리 있는 생각이었다. 당연하고도 마땅한 생각이었다. 그래서 이번 아프리카 집짓기 사업은 굳이 성도들에게 알리지 않고 SNS에만 소식을 전했다.

한편으로 생각하면 지인들에게 SNS를 보내는 것도 부담스러운 일이다. 결국 내 인맥과 인간관계를 동원해서 사역을 해 나가는 것이기 때문에 그들의 경조사나 대소사에 내가 다 갚아야 할 일들이었다. 내 얼굴 봐서 마지못해 동참하는 분들도 있을 것이고, 어쩌면 이제 내가 보내는 SNS가 부담스러운 분들도 있을 수 있을 것이다. 하지만 어디선가 스쳐 지나가다가 본 구절이 생각났다.

> *"나를 위해 손 벌리면 구걸이지만*
> *남을 위해 손 벌리면 천사입니다."*

내가 굳이 천사가 되려고 이 일을 하는 것은 아니지만, 내가 좀 수고스럽고 내 지인들에게 좀 미안하다 할지라도 누군가 연약한 사람들이 그 혜택을 볼 수만 있다면 내가 먹는 욕이나 불편함쯤은 상관하지 않을 만큼 충분히 가치 있는 일이라고 생각했다. 그래서 용기를 내어 다시 모금을 시작했다.

🌸 집짓기에 헌신하는 손길들

일단 10채를 목표로 시작하고 내가 먼저 70만 원으로 한 채를 기부했다. 지난 1년간의 사역을 통해 열 배로 갚아 주시는 하나님의 일하심을 경험했기에 열 채를 목표로 하고 먼저 한 채를 올려드린 것이었다. 아니나 다를까 마음을 열고 후원금을 보내오는 분들이 생겨나기 시작했다.

어느 작은 교회 목사님은 원룸에서 4가족이 함께 사는데 딸이 대학교에서 받은 장학금으로 한 채 값을 보내오셨다. 게다가 그 목사님은 한 번에 한 채를 지을 형편은 안 되니 매달 10만 원씩 7개월 동안 보내서 교회 이름으로 한 채를 더 기부하셨다.

대구의 어느 권사님은 혼자서 여러 채의 집을 지어 주겠다면서 헌금을 보내오셨다. 그리고 지인들에게 집짓기 사역을 소개해 주시기까지 했다.

어느 교장 선생님은 아내의 생일기념으로 한 채 집을 기부하시기도 했다. 어느 60대 여전도사님은 어려운 형편에 매월 3만 원씩 일 년 동안 꾸준하게 후원을 하셨다. 큰돈을 후원해 주시는 분도 감사하지만 이렇게 매월 작은 돈을 보내시면서 꾸준하게 기도하시는 모습도 이 사역에는 너무나 큰 힘이 된다.

그렇게 모금을 하다 보니 4월에 시작한 모금이 10채를 훌쩍 넘어 연말에 보니 모두 21채의 집을 지어 줄 수 있게 되었다. 2021년에 숫자 뒤 두 자리만큼인 21채의 집을 지어 준 것이다. 하나님의 일하심을 다시 한번 경험한 사역이었다.

아프리카 케냐
집짓기

흙과 소똥을 버무려서 굳힌 후에 만든 집.
그 속에서 가축과 함께 온 가족이 생활합니다.
초가로 만든 지붕은 비가 오면 속수무책으로 무너져서 우기기간 내내
비를 다 맞고 지냅니다.
아프리카 케냐 인키산자니 지역의 주민들에게 삶의 질을 높여주는 집을 지어줍시다.
그리고 웃음을 되찾게 해줍시다. 코로나가 선교를 멈추게 할 수 없습니다.

하나님 아버지 앞에서 정결하고 더러움이 없는 경건은 곧 고아와 과부를
그 환난 중에 돌보고 또 자기를 지켜 세속에 물들지 아니하는 그것이니라 (약 1:27)

70명의 선한
사마리아인을 찾습니다.

1 차 목표 : 집 열채 짓기
목표금액 : 한 채당 70만원 X 10채 = 700만원
1 구좌 : 10만원
1 채 구좌 : 70만원

농협은행 301-0264-5224-71
(말씀의숲교회)

말씀의 숲 교회 **아프리카 사역**

2020 교회짓기 | 케냐 마르웨, 르완다 부쿵바
2021 우물파기 | 케냐
2021 집짓기 | 케냐 인키산자니

대한예수교
장 로 회 **말씀의숲**교회
담임목사 유동효 (010.8426.7709)

누가 코로나라서 선교를 못한다고 했는가.
누가 하나님의 일하심을 믿지 못하고
핑계만 대고 앉아 있는가.
수백 가지의 핑계보다 하나님을 믿는 믿음 하나로
시작하면 그 이후에는 하나님이 책임져 주신다.

작고 작은 상가 개척교회에서 '코로나가 선교를 멈추게 할 수는 없다.'라는 순수한 마음 하나로 시작한 일들이 결실을 맺을 수 있었던 이유는 오직 한 가지밖에 없다. 주님이 함께 하시기 때문이었다. 하나님 나라의 일은 숫자로 하는 것이 아니다. 기드온의 300 용사로도 미디안의 군사들을 물리쳤듯이 하나님의 손에 붙들리기만 하면 일을 이루시는 분은 여호와 하나님이시다.

"이제 2년 된 개척교회가 30년도 더 된 교회도 못 하는 일을 하시네요.
부끄럽습니다."

천 석 규모의 예배당에서 목회하고 있는 어느 후배 목사님이 나에게 해 준 이 말이 큰 위로가 된다. 예수 믿는 것은 장로, 권사가 되기 위함이 아니고, 큰 교회 세워서 자신의 욕망을 채우는 것도 아니다. 오로지 예수 생명이 전해지는 것이 우리가 살아가야 할 목표가 되어야 한다.

그러기 위해 우리 교회는 세 가지 일을 했던 것이다. 첫째, 내 교회 세우는 건축헌금에 돈을 모으기보다 비록 내 눈앞에 내 교회 건물이 보이지는 않지만 멀리 아프리카 땅에 교회를 세우기로 한 것이다. 이름하여 '눈에 보이지 않는 성전 짓기'라고 할 수 있다. 비록 내가 그 성전에 들어가서 예배를 드릴 수는 없지만 누군가가 예수님을 영접하는 데 도움이 될 수 있다면 그것으로 족한 것이다.

　둘째, 아프리카에 우물을 파 준들 나는 그 물을 한 모금도 마실 수 없다. 하지만 700명의 사람들이 그 물을 마시게 되니 내 한 몸 잘 먹고 잘 마시는 것보다야 700배로 남는 장사 아닌가.

　셋째, 내 집 인테리어를 하고, 최신형 가전제품을 살 수 있는 돈으로 아프리카에 집을 지어 준다면 내 한 몸 편한 것보다 훨씬 보람 있는 일이다. 우리나라 가축우리보다 못한 곳에서 살아가는 누군가의 주거 환경이 개선되고 삶이 질이 나아지고 무엇보다 집을 지어 준 선교사들 교회에 출석하여 예수님을 영접하게 되니 이거야말로 보람 있는 일이 아닐 수 없다.

　하나님께서는 많고 많은 교회 중에서 작고 작은 개척교회에 그 사역의 마음을 주셨으니 그 또한 마음 주신 이의 뜻을 따라 순종하는 것이 복된 길이요 즐거운 일이다.

이는 내 생각이 너희의 생각과 다르며
내 길은 너희의 길과 다름이니라
여호와의 말씀이니라
이는 하늘이 땅보다 높음 같이
내 길은 너희의 길보다 높으며
내 생각은 너희의 생각보다 높음이니라(사 55:8-9)

곧 쓰러질 것 같은 아프리카 사람들의 집

25장

21채 집짓기 사연들

2021년 1월에 우물 파기 헌금을 하고 나서 하나님께서 마음을 주신 집짓기 사역. 새로운 사역 앞에서는 누구나 머릿속으로 계산을 해 보면서 망설일 수밖에 없다. 눈에 보이는 경제적인 여건을 생각하지 않을 수 없기 때문이다. 우리 교회만 해도 월세도 감당하기 벅찬 개척교회 입장에서는 도저히 할 수 있는 일이 아니었다. 그러나 새 일을 행할 때마다 늘 하나님께서 주시는 격려가 있었다.

> 보라 내가 새 일을 행하리니 이제 나타낼 것이라
> 이 백성은 내가 나를 위하여 지었나니
> 나를 찬송하게 하려 함이니라(사 43:19, 21)

하나님께서 새 일을 행하신다는데 불가능할 것이라고는 없다. 당연히 이루어질 수밖에 없다. 그러니 우리는 새 일 행하심을 믿고 기도하면서 주시는 감동대로 나아가기만 하면 된다. 내 욕심으로 기도하면 일이 이루어지지 않겠지만, 고아와 과부와 가난한 자를 위한 일이기에 하나님은 반드시 함께 하심을 온전히 신뢰하고 나아갔다.

기도 중에 'SNS에 광고를 올려라'라는 마음을 주셨다. 그래서 정성껏 문구를 작성했다.

흙과 소똥을 버무려서 굳힌 후에 만든 집.

그 속에서 가축과 함께 온 가족이 생활합니다.

초가로 만든 지붕은 비가 오면 속수무책으로 무너져서

우기 기간 내내 비를 다 맞고 지냅니다.

아프리카 케냐 인키산자니 지역의 주민들에게

삶의 질을 높여 주는 집을 지어 줍시다.

그리고 웃음을 되찾게 해 줍시다.

코로나가 선교를 멈추게 할 수는 없습니다.

SNS에 광고를 올리자 반응은 뜨거웠다. 선후배 목사님들과 알고 지내던 성도들이 후원금을 보내왔다. 한 달 단위로 후원금 명단을 공개하고 집짓기 상황을 보고했다.

5천 원을 보내온 분, 1만 원을 보내온 분들도 있었다. 어느 한 사람이 큰 금액을 헌금한 것이 아니라 작은 액수지만 여러 사람이 정성껏 모금한 것이라서 더 뜻깊었다. 그런데 내가 수십 년간 알고 지내는 내 친구들이나 부자들은 단 한 푼도 보내지 않았다. 그걸 보면서 하나님 나라의 일은 돈이 많다고 할 수 있는 것이 아니라는 것을 다시 한번 알게 되었다. 주님이 주시는 마음이 아니고서는 하늘에 자기 보화를 쌓을 수 없는 것이다.

목표로 했던 10채 후원금이 두 달도 안 되어 모이게 되었다. 한 채의 집을 지어 주는 것은 다섯 명, 열 명의 가족들에게 새 삶을 선물하는 것과 같다. 그리고 집을 선물한 가정은 어김없이 교회로 전도되어 나오게 되었다. 알코올 중독이었던 남편이 교회를 나오면서 점차 술을 끊어 가며 몇몇은 새벽기도까지도 나오는 등 변화된 모습을 듣게 되는 것은 큰 기쁨이요 행복이다. 그 기쁨을 더 나누어 주기 위해 10채 후원금이 다 채워지자 목표를 20채로 올려서 잡았다.

케냐에 1호 집에 세워졌다. 아빠 엄마 두 아들과 딸이 사는 5명의 가정이었다. 선교사가 집짓기 전 옛날 집과 새로 지은 집의 사진을 함께 보내왔다. 그 사진을 보니 아프리카 선교 갔을 때 비슷한 집들을 많이 보면서 '내가 지금 100년 전으로 거슬러 왔나?' 하며 마음 아파했던 생각이 났다. 그때 마음 아파했던 그런 형태의 집에서 살던 사람들에게 새 집을 선물하게 되니 감격스러웠다.

2호 집은 아이들 4명과 어렵게 살고 있는 싱글맘의 집이었다.

나는 선교하려고 교회를 개척했다

5호 집은 지금까지 지어진 집 중에서 가장 가난한 집이었다. 흙이 다 벗겨지고 받쳐 놓은 나무 기둥들이 다 드러나서 곧 쓰러질 것 같은 집에 1녀 5남, 8명의 식구가 위태위태하게 살고 있었다.

6호 집은 3녀 4남, 9명의 식구들의 보금자리가 되었다.

7호 집은 딸만 일곱인 딸부잣집이었다.

8호 집은 신혼부부인데 집이 없어서 친정엄마네 부엌에서 생활하다가 새 집을 지어 주어 살림을 하게 된 집이었다.

10호 집은 케냐형 청년주택으로 남자 청년 혼자 사는 집을 작게 지어 주었다. 이제 이 청년은 집이 생겼으니 결혼할 수가 있다. 한국에서도 집값이 너무 올라 청년들이 아예 결혼을 엄두도 못 내는 현실인데 케냐도 마찬가지였다.

집짓기 후원은 1년 내내 계속되어 추수감사절에 16호 집을 지어 줄 수 있었다.

18호 집은 30세 싱글맘이 장애가 있어 일을 못해서 1남 3녀 중 장녀가 빨래를 해서 먹고사는 집이었다.

독거노인, 신혼부부, 청년 주택, 남편이 도망 간 싱글맘, 장애인들, 남편이 있어도 대부분 알코올 중독자들. 다 하나같이 기구한 사연들이 있는 가정들이었다. 하나님은 이러한 가난한 자. 억눌린 자. 불쌍한 자들의 눈물을 닦아 주길 원하셨다.

아프리카 케냐 집짓기 1호

첫번째 집이 지어졌습니다.
소 똥과 짚으로 만든 비가 새는 집이었는데
깨끗하고 청결한 환경으로 바뀌었습니다.
방 한 칸 집에서 온 가족과 가축까지 함께 살다가
방 세 칸 큰 집에서 행복하게 살게 되었습니다.
하나님께 영광을 올려 드립니다. 2021.5.31.
1. Lotiken, Kiunga (아빠) 2. Ntinta(엄마)
3.Toiran 딸 4.Kai 아들 5.Ngilisho 아들

아프리카 케냐 집짓기 6호

여섯째 집이 지어졌습니다.
3년 4남, 9명의 식구들이 살던 좁고 열악한
집에서, 9명이 들어가도 넉넉한 큰 집이
지어졌습니다.
Asante Sana!! Mungu Awabariki!!
하나님께 영광을 올려 드립니다. 2021.7.19.
1. .John Mutoro 아빠 54세 2. Ageness 엄마 38세
3.Sivia 딸 18세 4.Robertianpati 아들 16세
5. Anne 딸 14세 6 Everlyn 딸 12세
7. Luker 아들 9세 8.Mark 아들 5세
9.Lorence 아들 7개월

　　2021년을 지나며 10채를 목표했던 집짓기였는데 모두 21채를 지어
줬다. 2022년을 시작하면서 1월에 한 채를 더 지어서 22채를 선물했
다. 우리는 물질을 보내고 현지 선교사들이 직접 나무를 사고 함석을
사고 땅을 파고 공사를 해서 신속하게 집을 완성한다. 남편 선교사가
집을 짓는 동안 아내 선교사는 아이들을 모아서 가르치고 안전하게 보
호한다.

　　집이 세워지면 선교사와 전도사와 권사들이 심방을 간다. 선교사의

손에는 성경책과 함께 집들이 축하 밀가루 선물과 새로 산 매트리스가
들려 있다. 새 집에 온 식구가 모여서 찬송을 부르고 설교를 듣고 교인
이 된다. 복음과 새 환경을 선물 받는 아름다운 사역이다.

　장차 30호, 50호, 100호로 이어져서 인생이 변화되고 삶의 질이 변화
되는 일이 계속 되길 기도한다.

> 보라 내가 새 일을 행하리니 이제 나타낼 것이라
> 이 백성은 내가 나를 위하여 지었나니
> 나를 찬송하게 하려 함이니라(사 43:19, 21)

아프리카 집짓기 : 케냐 마르웨 지역, 케냐 인키싼자니 지역

1호 Kiunga 2남 1녀
2호 Kashuma 3남 1녀
3호 Kina 2남 2녀
4호 Ngaleiya 1남 1녀
5호 Lomuiko 1남 5녀
6호 Mutoro 4남 3녀
7호 Metui 6녀
8호 Parmuba 신혼부부
9호 Kasaine 4녀
10호 Murumbi 신혼부부
11호 Benad 5남 1녀
12호 Kibori 할머니와 손주들
13호 Mutunga 2남 3녀
14호 Jackson 3남 3녀
15호 Solunga 3남 3녀
16호 Joseph 1남 2녀
17호 Shamanna 3남 1녀
18호 Kambua 2남 2녀
19호 Loshuroa 2녀
20호 Maria 독거노인

26장

탄자니아 투마이니 고아원 후원

아프리카 선교여행을 다녀와서 교회를 개척하기 이전에도 작은 선교 후원들을 꾸준히 하고 있었다. 아프리카에 첫 번째 선교 후원을 한 곳은 탄자니아 투마이니 고아원이었다. 아프리카 선교사가 되려고 했으나 뜻을 이루지 못한 채 한국으로 돌아와 작은 교회 부목사로 섬기던 때였다. 비록 선교사로 나가지는 못했지만 탄자니아에서 본 아이들이 자꾸 떠올라서 그때 만난 선교사에게 연락을 했다.

"아프리카 아이들에게 한 끼 맛있는 식사를
대접하고 싶습니다."

선교사는 근처 고아원을 소개해 주셨고, 그 고아원 아이들에게 한 끼 식사와 말라리아 모기장, 말라리아 약 등을 보내게 되었다. 그리고 한 달 후쯤 SNS를 통해 받은 사진에는 탄자니아 고아원 아이들 70명이

한 끼 든든한 식사를 하고 있었다. 너무나 감동적이었다.

탄자니아에 있을 때 우갈리라는 음식을 주식으로 먹었다. 옥수숫가루를 물에 개어 뜨거운 물로 익반죽을 해서 먹는다. 담백한 맛을 좋아하는 사람은 그냥 먹고, 대부분은 설탕을 뿌려서 먹기도 했다. 이 아무 반찬도 없이 우갈리 한 장 달랑 먹는 것이 한 끼 식사인데 그것도 하루에 두 끼밖에 못 먹는단다. 1일 2식에 1식 1찬인 아이들이 오랜만에 넘치는 음식을 한 상 받았다. 즐겁게 먹는 모습을 보니 내가 더 행복했다.

아이들의 손에는 고기와 볶음밥과 과일, 그리고 환타가 들려 있었다. 50여 년 전 어릴 적 맛있게 먹던 환타! 운동회 때나 먹어 보던 사이다나 콜라나 환타! 이런 음료수는 연례행사로 먹을 수 있었던 어린 시절. 이제 우리나라는 음료수 몇 명이야 쉽게 마실 수 있을 정도로 발전했지만 아프리카에서는 그때의 우리나라 아이들처럼 음료수 한 병 마시기도 힘든 현실을 사진을 통해 다시 만났다.

고아원 이름이 '투마이니'인데 탄자니아 어로 '희망'이라고 한다. 우리 삶의 희망 되시는 하나님을 투마이니 고아원 아이들이 만나기를 간절히 기도했다.

투마이니 고아원 후원을 하고 나니 옛날에 가르쳤던 제자가 생각났다. 초등학교 때 가르쳤던 제자가 필리핀 선교사가 되어 남편과 세 자녀와 함께 필리핀에서도 오지인 레가스피 지역에서 오랫동안 사역하고 있었다. 몇 년 전 제자가 한국에 왔을 때 식사를 한 적이 있는데 그때 했던 제자의 말이 기억났다.

"필리핀에 선교 오는 사람들 대부분은 마닐라 근처에서 선교를 해요. 저희 지역은 마닐라에서도 비행기로 한 시간을 와야 해서 한국 선교팀들이 여기까지는 거의 안 와요."

제자 부부는 목회와 성경 공부를 가르치면서 긍휼 사역도 하고 있었다. 이름하여 '밥 한 그릇' 사역인데 필리핀 레가스피 지역 어느 초등학교에 일주일에 한 번씩 점심 식사를 제공한다고 했다. 세 자녀를 기르면서도 참 열심히 사역하는 자랑스러운 제자였다. 그래서 몇 차례 '밥

한 그릇' 급식 제공을 했다. 어린 시절에 음식을 제대로 먹지 못하면 키도 잘 자라지 못하고 영양상태도 부실해서 영양실조에 걸리고 면역력이 약해진다. 작은 밥 한 그릇이지만 따뜻하게 잘 먹는 모습을 보니 참 행복했다. 아이들이 잘 커서 필리핀과 탄자니아의 밝은 미래가 되기를 소망한다.

> 내가 붙드는 나의 종, 내 마음에 기뻐하는 자
> 곧 내가 택한 사람을 보라
> 내가 나의 영을 그에게 주었은즉
> 그가 이방에 정의를 베풀리라(사 42:1)

나는 선교하려고 교회를 개척했다

27장

희망의 비행기

지인들을 통해 여러 가지 아프리카 선교를 벌이는 소식이 알려졌는지 어느 초등학교의 교장 선생님에게서 연락이 왔다. 아프리카에서 여러 교회를 방문했을 때 어린이들에게 색종이를 나누어 준 일화를 아시고 아프리카 아이들에게 학용품을 보내고 싶다는 말씀이었다.

탄자니아에서 선교여행을 할 때였다. 주일에 현지인 교회를 갔는데 예배당 옆에 낡은 건물이 있었다. 구예배당이었는데 지금은 주일학교를 가르치는 곳으로 쓰이고 있었다. 현지인 교회를 가기 전에 선물을 준비하려고 몇 명이나 되는지 알아보니 아이들이 150명 정도 된다고 했다. 그런데 막상 가 보니 한국 학교 교실의 2/3 정도 되는 15평 정도의 방에서 수많은 아이들이 있었다. 얼핏 보아도 300여 명은 되어 보였다. 그 좁은 방에서 그 많은 아이들이 어떻게 모여 있었는지 신기했다.

나는 선교하려고 교회를 개척했다

바닥은 흙바닥에 그저 칠판 하나만 달랑 있었고 의자도 몇 개 없어서 다들 땅바닥에 앉아서 예배를 드리고 있었다. 그 교실에서는 공간이 좁아서 도저히 예배 진행이 안 되었다. 할 수 없이 밖으로 나와 마당에서 진행을 해야 했다.

아이들이 밖으로 나올 때 한 줄로 세워서 내보내며 사탕을 한 개씩 나누어 주었다. 넉넉하게 300개의 사탕을 가져갔는데 막상 나눠 주다 보니 사탕이 부족했다. 사탕 한 개가 뭐라고 그 아이들은 너무 받고 싶어 했다. 마치 한국전쟁 후에 미군을 따라다니며 초콜릿을 얻어먹던 우리 민족이 생각났다. 늦게 나와 사탕을 받지 못한 아이들에게 너무나 미안했다.

워십 댄스와 율동을 하고 아이들을 자리에 앉게 했다. A4 종이를 절반으로 잘라서 나눠 주고 크레파스 한 개씩 쥐어 주며 그림을 그리게 했는데 거기서 사는 선교사가 "이렇게 질 좋은 종이는 처음 본다."며 흥분해서 말할 때 울컥했다.

> 아아… 한국에서는 남아도는 종이, 크레파스를
> 이 아이들에게 줄 수만 있다면 얼마나 좋을까…

2주 후 케냐로 넘어가서는 주일 학교 아이들에게 색종이를 나눠 주고 종이접기를 했다. 그런데 놀랍게도 종이를 접을 수 있는 아이는 몇 명 되지 않았다. 반으로 접는 가장 간단한 종이접기를 하게 했는데 대부분의 아이들이 시도조차 해 보지 않고 그저 우리들에게 '나는 못 해요. 접어 주세요.' 하는 표정으로 색종이를 내밀고만 있었다. 아이들이 스스로 뭔가 하고자 하는 의욕이 없는 모습을 보면서 참 안타까웠다. 그렇게 몸으로 나타나는 행동의 결과가 단순히 지적 능력이 떨어져서 못하는 것 같지만 사실은 더 큰 부분은 '내가 스스로 뭔가 하고자 하는 내면의 자생적인 힘'이 없는 것이었다. 내면의 힘이 없으니 아예 시도해 볼 생각도 못 하는 것 같았다. 자존감이 떨어져 있기 때문에 스스로 뭔가 해 볼 엄두도 생각도 못 하는 것이 아닌가 하는 생각이 들었다.

아이들 수업을 마치고 교사들에게 색종이 접는 법을 가르쳐 주면 우리가 가고 나서라도 계속 지도할 수 있겠다는 생각이 들었다. 그래서 선생님들을 모아서 가위를 나눠 주고 색종이 자르기와 접기를 가르치고자 했다. 종이를 반으로 접고 가위로 자르도록 했다. 그런데 놀랍게도 선생님들조차 A4 용지를 반으로 자르지 못하는 사람들이 있었다. 가위를 생전 처음 만져 본 것이었다. 어떻게 이런 일이 있을 수 있을까? 지구의 한 편에서는 물자가 넘쳐 나서 버리는 데 반대편에서는 종이 한 장, 색종이 한 장, 가위 한 개도 귀해서 처음 만져 보는 사람들이 많다니.

나는 선교하려고 교회를 개척했다

한국의 초등학교에는 '잃어버린 물건 찾아가세요'라는 장소가 어느 학교든지 있다. 아이들이 방과 후 교실, 복도, 운동장 등 교내에서 잃어버린 물건들을 모아 놓는 곳이다. 비 오는 날 우산이 대표적으로 자주 잃어버리는 물건이고, 운동장에서 줄넘기하다가도 그대로 놓고 가고, 심지어 입고 있던 옷도 잠시 벗어 놓았다가 잊어버리고 그냥 집으로 간다.

그래서 물건을 잃어버리고도 찾으러 오지 않아서 그곳에는 늘 물건이 쌓여 있다. 하도 아이들이 안 찾아가니까 월요일 방송조회 시간에 물건을 하나하나 들어서 보여 주며 찾아가게 한다. 그래도 늘 '잃어버린 물건 찾아가세요' 장소에는 주인을 찾는 물건들이 많이 있다.

아프리카에는 색종이 한 장도 귀하다는 말을 듣고 어느 초등학교 교장 선생님이 학용품을 기증해 주셨다. 몇 달 남지 않은 자신의 퇴임식 이전에 이런 의미 있는 일을 할 수 있어서 교장 선생님은 기뻐하셨다. 그리고 아프리카를 생각하는 그 마음이 너무나 감사했다.

그런데 문제는 아프리카로 실어 나르기에는 물류비용이 너무 비싸다는 것이다. 학용품값보다 몇 배의 비용을 들여서 실어 날라야 했다. 더군다나 두 달 남은 그분의 퇴임식 전에 전달되어야 할 텐데 방법이 없었다. '어떻게 아프리카에 전해 주지?' 하는 고민을 하다가 SNS에 기도문과 함께 그 사연을 올렸다. 다음은 그날 올린 글이다.

(2018. 1. 5.)

1. 아프리카. 가슴을 뛰게 하는 땅. 가난하지만 순박한 아이들. 웃음을 잃지 않는 아이들. 작은 일에도 감사하고 에너지가 넘치는 아이들.

2. 그러나 색종이 한번 만져 보지 못한 아이들이 많아 종이접기를 가르쳐도 따라하지 못하고 그저 멍하니 쳐다보기만 하는 아이들이 많다는 안타까움을 지인들에게 얘기한 적이 있다.

3. 그걸 기억하고 계신 어느 학교 교장선생님께서 열두 박스 분량의 학용품을 보내오셨다. 금액으로 보면 대략 100만 원이 넘는 많은 분량이다. 이 학용품을 받고 기뻐할 아프리카 아이들 얼굴이 떠오른다.

4. 문제는 전달할 방법이 없다는 것이다. 배로 붙이면 서너 달이 걸리고 비용 역시 많이 든다. 가져갈 수만 있다면 이만큼을 더 기증하시겠다는데 받지 못하는 마음이 안타깝다. 혼재로서는 막막하다.

5. 그 교장 선생님은 이번 2월에 정년퇴임이시니 그 전에 학용품을 전달해서 아이들이 기뻐하는 사진이라도 한 장 보내드리고 싶은데… 한국에서는 흔하디흔한 색종이 한 장 색연필 한 자루이지만 그곳에서는 귀한 교육자료들인데… 하나님… 좀 도와주세요….

그 내용을 SNS에 올렸더니 며칠 뒤에 인천의 한 교회에서 마침 탄자니아 단기 선교를 가는데 청년팀에서 학용품을 전달해 주겠다는 연락이 왔다.

어제까지만 해도 전달할 방법이 없어서 막막했는데 이렇게 쉽게 연결되다니! 하나님의 기도 응답과 인도하심은 참으로 놀라울 뿐이었다. 인간의 노력으로는 막막해도 하나님께 엎드려 기도하면 손을 들어

나는 선교하려고 교회를 개척했다

도우시는 하나님의 인도를 경험하게 됨을 다시 한번 느꼈다.

그 후 한 달 뒤에 탄자니아 선교사는 종이접기하는 멋진 사진을 보내오셨다. 이 학교는 한국 선교 단체에서 멋지게 지어 준 학교로 아마 탄자니아에서 가장 좋은 시설처럼 보였다. 아이들이 전부 깨끗한 교복을 입고 있으니 어느 선진국 아이들 부럽지 않았다.

선교사에게 물어보니 선교 단체에서 운영비를 다 대고 있고 아이들도 최소한의 비용은 내게 한다고 했다. 한 학기에 3~4만 원 정도면 교복부터 운동복, 식사, 교과서 등 모든 것을 제공한다고 했다.

우리나라도 50년 전에는 세계에서 가장 못사는 나라였지만 지금은 세계 10위권의 경제력이 있는 나라가 되었다. 이 나라 아이들도 현실은 가난하고 어렵지만 하늘을 사뿐히 날아가는 종이비행기처럼 미래에 대한 꿈과 소망을 잃지 않기를 기도한다.

> 하나님은 우리에게 은혜를 베푸사 복을 주시고
> 그의 얼굴 빛을 우리에게 비추사 (셀라)
> 주의 도를 땅 위에, 주의 구원을 모든 나라에게 알리소서(시 67:1-2)

28장

장학금으로 학교 보내기

인터넷에서 읽은 이야기다. 어느 청년이 아침 일찍 바닷가를 산책하고 있었다. 그런데 자기보다 더 일찍 나온 어떤 노인이 모래사장에서 연신 허리를 굽혔다가 펴면서 뭔가를 바닷속으로 던지는 걸 보았다. 자연스럽게 두 사람의 간격이 좁아지면서 청년은 노인이 무엇을 하는지 알 수 있었다. 모래사장의 불가사리를 바닷속으로 던져 주고 있던 것이었다.

"불가사리는 모래사장에서도 살 수 있지 않나요?"
"아닐세. 한낮이 되면 태양빛이 너무 뜨거워서 불가사리가 말라 죽게 된다네. 그래서 바다로 돌려보내고 있지."

청년은 노인이 하는 행동이 의미가 없다고 느꼈다. 바닷가에서 말라 죽어 갈 불가사리가 얼마나 많은데 그저 몇십 마리 살려 준들 여전히

나는 선교하려고 교회를 개척했다

모래사장에는 불가사리가 많기 때문이었다.

"어르신께서 수고는 하시지만 불가사리들에게는 크게 도움이 되지는 못할 것 같습니다. 죽어 가는 불가사리가 너무 많아요."

그러자 노인은 불가사리를 바닷속으로 던져 주며 청년에게 말했다.

"그래도 지금 바다로 던져진 이 녀석에게는
큰 도움이 되겠지."

그렇다. 옛말에 '가난은 나랏님도 구제할 수 없다.'고 했다. 아프리카 아이들을 도와줘도 여전히 부족했다. 특히 우리 같은 작은 개척교회가 돕는 것은 너무나 제한적이었다. 하지만 그렇다 하더라도 누군가에게는 크고 작은 도움이 될 것이다.

교회를 짓고, 우물을 파주고, 집을 짓는 후원을 하면서 선교사들은 또 다른 도움을 요청했다. 그건 월 3만 원이 없어서 학교를 못 가는 아이들을 학교에 보낼 수 있고, 월 6만 원이면 가족의 식사까지도 제공해 줄 수 있다고 했다. 공립학교는 무료이지만 받을 수 있는 숫자가 너무나 제한적이라서 선교사들이 운영하는 학교에 보내게 되면 월 3~6만 원이 든다는 것이었다.

말씀의숲교회
아프리카 돕기 **다섯번째 사역**

장학금으로 학교 보내기

싱글맘, 아버지가 알콜 중독자, 동생들이 너무 많아서,
부모가 다 아파서, 할머니가 혼자 돌보셔서,
부모가 다 일해도 월수입 5만원.
–
기본생활도 안되니 학교에 갈 엄두를 내지 못하고
나무라도 주워서 밥벌이를 해야 하는 아이들.

대한예수교
장로회 말씀의숲교회

담임목사 | **유동효** 010.8426.7709

월 3만원이면 학교를 가서
미래의 꿈을 키울 수 있습니다.

목표 **30명**
현재 **5명** 후원 중
일년 **36만원 일시불**

후원으로 학교에 가게 되어
웃음을 되찾은 Victor Juma

한두달 후원하다가 중단하면 안되니 **최소 1년 후원을 일시불**로 모금합니다

후원계좌 | **NH**농협은행 301-0264-5224-71 말씀의숲교회

엄마 혼자 아이들을 기르는 싱글맘, 아버지가 알코올 중독자, 돌보아야 할 동생들이 너무 많은 아이, 부모가 다 아파서 누워 있는 아이, 부모도 없이 할머니가 돌보는 아이, 부모가 있어도 월 5만 원 이하의 수입이라서 학교를 보낼 수 없는 형편 등 가슴 아픈 사연들이 많았다.

그래서 우선 SNS로 이 사실을 알렸다. 이름하여 '장학금으로 학교 보내기'. 그런데 월 3만 원이면 아이들이 학교를 갈 수 있지만, 한두 달 후원하다가 중간에 끊기면 안 되니까 1년 후원금 36만 원을 받기로 했다. 그리고 이번에도 하나님은 후원의 손길들을 보내 주셨다.

"아이고 세상에. 우리는 이렇게 잘 먹고 잘살고 있는데 아직도 학교조차 못 가는 아이들이 이렇게 많다니요."
"목사님. 아이들 가족 식사까지 6만 원 1년 치 72만 원 후원하겠습니다."

3만 원, 6만 원 후원금들이 들어왔다. 크게 많은 액수를 후원하시는 분들도 감사하고, 작은 액수로 매달 보내 주시는 분들도 참 고마웠다. 이렇게 작은 정성들이 모여 여러 명의 아이들에게 장학금을 전달했다. 목표 인원수에는 미치지 못했지만 불가사리를 던진 노인의 말처럼, 장학금을 받게 된 그 아이들에게는 큰 도움이 되었을 것이다.

누가 알겠는가. 그 아이들 중에 미래의 김장환 목사가 나오고, 노벨

상을 받는 학자가 나올지. 한 명이라도 더 학교를 보내기 위해 '장학금으로 학교 보내기' 선교는 후원이 들어오는 대로 계속해서 진행하고 있다.

첫번째 학교에 보내는 후원 학생입니다.
이름은 Lenana. 부모가 없는 고아인데
친척 할머니와 둘이서 살고 있습니다.
집도 작고 외롭게 지내지만 학교에 가서
친구들이 생겨서 기쁩니다.
Asante Sana!! Mungu Akubariki!!
하나님께 영광을 올려 드립니다. 2021.7.6.

목표 30명
현재 5명 후원 중
일년 36만원 일시불

세번째 학교에 보내는 후원 학생입니다.
이름은 Mopei Makangi. 9살.
엄마 혼자 여러 아이들을 키우고 있습니다.
학교에서 좋은 친구들을 많이 사귀고
행복해지기를 기도합니다.
Asante Sana!! Mungu Akubariki!!
하나님께 영광을 올려 드립니다. 2021.7.6.

목표 30명
현재 5명 후원 중
일년 36만원 일시불

나는 선교하려고 교회를 개척했다

29장

먼저 그 나라와 의를 구하라

작은 개척교회에서 일어난 선교사역은 진정 '먼저 그 나라와 그의 의를 구하라.'라는 말씀대로 실천한 순종의 결과였다. 환경이 안정되고, 경제적으로 풍부할 때는 누구라서 하나님께서 주시는 마음에 순종하지 않겠는가. 하지만 아직 경제적 여건도 부족하고 몇 명 모이지도 않는 개척교회의 상황에서 하나님의 부담감에 순종하여 아프리카 선교를 해나가는 것은 주님의 가르침을 실천하고자 하는 작은 몸부림이었다고 할 수 있을 것이다.

'먼저 그 나라와 의를 구하라'에 순종하여 내 유익을 접었더니 하나님께서는 내가 경험할 수도 없는 놀라운 일을 선물로 주셨다. 그리고 그 놀라운 경험은 이미 20년 전에 미국에서도 경험했었다.

나이 마흔에 미국 유학을 갔을 때의 일이었다. 2002년 한일 월드컵의 감동이 있던 그해 여름에 나는 미국으로 2년간 영어 교육 석사 공부를 하러 간 적이 있다. 첫날 미국 대학원에 등록을 하고는 곧장 음악과 건물을 찾아갔다. 왜냐하면 평소 성악을 공부하고 싶은 열망을 갖고 있었던 터라 어떻게 청강이라도 하며 음악공부를 할 수 있을까 하는 기대감 때문이었다. 돈키호테같이 앞뒤 재어 보지 않고 무조건 직진하는 성격은 미국에서도 유감없이 발휘되어 나는 사전 약속도 안 한 채 무작정 성악과 학과장실 문을 두드렸다.

"나는 한국에서 영어 석사 공부하러 온 학생입니다. 노래가 하고 싶으니 음악과 청강을 할 수 있나요?"

사실 오래전 한국에서도 음악 공부가 너무 하고 싶어서 늦은 나이에 음대 대학원에 시험을 본 적이 있었다. 고등학교를 졸업하고 원치 않던 교대로 진학을 했기에 음악에 대한 목마름은 평생 내 마음속에서 떠나질 않았다. 음악목사가 되어 찬양으로 하나님을 높이는 목회자가 되고 싶어 성악, 지휘, 작곡, 미디 등을 개인레슨받았다. 여러 해 동안 실력을 쌓고 각종 대회에서 상도 받으면서 음악의 변두리에서 생활했다. 그러다가 전문적으로 공부하고 싶어서 음대 대학원의 문을 두드렸던 것이다.

필기시험을 보고 면접을 들어갔더니 면접관이 혼자 앉아 있었다. 두세 명은 앉아 있을 것으로 생각했는데 의외였다. 날 보더니 그 면접관은 불편한 얼굴로 말했다.

나는 선교하려고 교회를 개척했다

"초등학교 선생이 우리 학교 수업을 따라올 수 있겠습니까?"

마치 초등학교 선생이 감히 자기 학교에 시험 보러 왔느냐는 듯이 무시하는 말투가 역력한 그 면접관의 말에 미소 지으며 대답했다. '최선을 다해서 공부하겠습니다.' 그 한 가지 질문만으로 면접은 끝났고 당연히 불합격했다.

한국에서의 아픈 상처를 기억하면서 미국에 왔는데 미국은 아마 다르지 않을까 생각하면서 무턱대고 학과장실 문을 두드렸다. 정식으로 전공하겠다는 것도 아니고 청강이야 가능하지 않을까 기대했던 것이다.

인상 좋은 털보 교수님은 대뜸 노래를 한번 불러 보라고 했다. 갑자기 받은 요청인지라 준비한 것도 없고 해서 무반주로 찬송가 한 곡을 불렀다. 노래가 끝나자 털보 교수님은 미소를 가득 머금은 채 말했다.

"Mr. Ryu. 당신은 피아노로 치면 스타인웨이 같은 목소리를 갖고 있습니다."

생전 처음 들어보는 찬사였다. 세계에서 가장 명기라 불리는 스트라디 바리우스가 바이올린의 최고 악기라면, 스타인웨이는 세계에서 가장 좋은 피아노로 불리는데 그런 목소리를 갖고 있다니. '역시 미국 사람은 칭찬의 달인이라니까.'라고 속으로 생각하고 있는데 교수는 놀라운 말을 했다. 나더러 청강할 수준이 넘으니 자기 수업을 등록해서 공부하라고 했다. 그러면서 그 자리에서 음악과 사무실로 전화해서 '한국에서 온 Mr. Ryu라는 학생을 자기 수업 명단에 넣으라.'고 지시하는 것이었다.

어안이 벙벙했다. 한국에서는 면접 자리에서 노래 불러 보라는 말도 없이 기회조차 없었는데 미국에서 갑자기 음대 대학원생이 되다니. 정말 미국은 기회의 나라인가 보다. 덕분에 나는 얼떨결에 복수전공을 하게 되었다. 영어 석사만 공부하기도 벅찬 노릇이었지만 즐겁고 행복하게 공부했다. 영어도 음악도 소홀히 하지 않았다. 2년이 되고 나서 성적표를 받아보니 평점 A가 넘어 우수학생(Honor Degree)으로 졸업을 했다.

미국은 가을 학기제다. 가을에 입학하고 두 번째 학기를 마칠 때였다. 하루는 지도 교수가 학과장실로 오라고 했다. 갔더니 오페라 응시 원서를 건네주었다.

"전통 있는 오페라단에서 여름마다 오페라 캠프를 여는데 한번 응시를 해 보게. 여기 뽑히면 한 달 동안 합숙하며 훈련하고, 한 달 동안 공연을 할 수 있어. 방학 기간 두 달 동안 많은 공부가 될 걸세."

나는 선교하려고 교회를 개척했다

전공자도 아니고 아직 한 학기밖에 안 배운 학생에서 오페라 시험을 보라니. 교수의 의외의 제안에 어안이 벙벙했지만 곧 마음을 고쳐먹었다.

'그래. 어차피 붙지는 못하겠지만 준비하는 동안 실력이 늘겠지. 그리고 미국 오페라 오디션은 어떻게 하는지 문화체험이나 하자.'

미국은 나라가 넓기 때문에 오페라 오디션이 다섯 군데에서 열렸다. 그리고 멀리 있는 참가자는 녹음테이프를 보내면 선별해서 비행기표까지 주면서 오디션에 응시한다는 것도 알았다. 다행히 이번 오디션은 내가 사는 곳에서 1시간밖에 떨어지지 않은 대학교에서 열렸다. 아마 다른 주에서 멀리 열렸으면 참가할 엄두도 내지 못했을 것이다.

두 달간 정말 진지하게 준비했다. 이탈리아 오페라 아리아, 프랑스 오페라 아리아, 독일 가곡, 미국 가곡 등 다양한 언어로 된 곡들을 연습했다. 지금 생각하면 참 무모한 일이었지만 너무나 즐겁게 연습했다.

먼저 그 나라와 의를 구하라

드디어 오페라 오디션이 있는 날이었다. 그때 미국 한인교회에서 지휘자를 하고 있었다. 예배 후에 성가 연습까지 마치고 교회에서 1시에 출발하면 2시에 오페라 장소에 도착할 수 있어서 시간이 빠듯했다. 오디션은 3시까지 진행되기 때문에 제일 늦은 오디션 시간인 2시로 연주 시간을 잡은 것이었다. 성가대 연습을 마치고 주차장으로 나오는데 집사님들 두세 분이 따라 나왔다.

"지휘자님. 지금 성가대장님이 몇 주째 시험 들어서 교회를 안 나오고 있는데 저희 심방 다녀올게요."

한인교회에는 담임목사와 장로들 간에 불편한 관계를 갖는 경우가 많다고 들었다. 그 성가대장 장로도 평소 '담임목사는 대학교수처럼 설교만 하고, 교회 모든 일은 장로들이 하면 된다.'는 생각을 갖고 있었다. 그래서 자주 담임목사님과 다투곤 했다. 그래서 몇 주째 교회를 안 나오는 힘겨루기를 하고 있었는데, 이유가 어떻든 심방을 가서 마음을 풀게 하겠다는 것이었다. 그때 내 입에서는 엉뚱한 말이 나왔다.

"그래요? 성가대장님 심방을 가는데 성가대 지휘자가 빠지면 안 되죠. 같이 갑시다."

교회에서 오디션장으로 가려면 동쪽으로 1시간을 가야 하는데 성가대장님 집은 교회에서 서쪽으로 1시간을 가야 했다. 심방을 갔다가 돌아오면 적어도 2시간이 걸리니 오디션은 포기해야 했다. 그런데도 내

나는 선교하려고 교회를 개척했다

입에서는 나도 모르게 심방을 가겠다는 말이 나왔다.

집사님들이 나와 함께 가자고 한 것도 아니었다. 다녀오겠다고 보고했을 뿐인데 왠지 모르게 나는 '같이 가겠다'고 한 것이다. 짧은 두 달 동안이지만 오디션을 준비하고 연습했는데 말이다. 하지만 한 치의 망설임도 없이 심방을 갔다.

심방을 잘 마치고 늦은 시간이지만 오디션 장소로 차를 달렸다. 이미 오디션은 끝났겠지만 같이 공부한 누가 붙었는지 떨어졌는지, 미국 오디션 장소는 어떤지 문화 체험도 할 겸 구경하려고 간 것이었다.

예정 시간보다 2시간 반 늦게 오디션장에 도착했다. 그런데 무슨 이유인지 아직 오디션이 끝나지 않았다! 왜 그런가 하고 알아봤더니 다른 주에서 비행기를 타고 오디션을 보러 오는 응시자가 있는데 비행기가 연착되어서 그 사람을 기다리느라 아직 끝나지 않았다는 것이다. 나도 지각했는데 혹시 노래할 수 있겠느냐고 물어보니 된다는 것이었다. 그래서 서둘러서 건물 안으로 들어갔다.

잠시 숨을 고르고 발성 연습으로 목을 푼 다음에 오디션장에 들어갔다. 다른 응시자들은 이미 다 연주를 마쳤을 텐데도 연습실 여기저기서 노래 부르는 소리들이 들렸다. 그런데 그 소리들이 장난이 아니었다. 다들 조수미, 파바로티 같은 소리들이었다. 나는 시작도 하기 전에 기가 팍 죽었다.

"아이구. 왜 내가 오디션에 응한다고 했지? 심사위원들이 내 노래 한 소절만 듣고 '됐어요' 하며 그만하라고 하면 어떻게 하나? 하나님. 제발 창피만 당하지 않게 해 주세요."

처음부터 오디션에 붙으려고 응시한 것은 아니었다. 준비하는 동안 실력이 늘 것이고, 미국 오페라 오디션은 어떻게 하는지 문화 체험하러 온 것이었다. 하지만 지각하느라 다른 참가자들의 오디션 모습도 못 보고 허겁지겁 오디션 무대에 올라갔다. 그리고 긴장한 탓인지 제 실력도 제대로 발휘하지 못하고 오디션을 마쳤다. 아쉬운 마음을 안고 오디션장을 나왔다. 다들 날 보고 비웃는 것 같은 자격지심이 들었다.

그냥 건물을 터벅터벅 걸어 나가는데 누가 내 이름을 불렀다. 대학원 동기들인가 해서 뒤를 돌아보니 처음 보는 미국인이었다. 자기는 심사위원인데 노래 잘 들었다고 인사했다. 미국인들은 워낙 칭찬을 잘 하니 그러려니 하고 간단하게 '땡큐'로 대답하고는 왜 나를 불렀는지 무슨 말을 할지 잠시 기다렸다. 지금 어디로 가느냐고 물어봐서 집에 간다고 했다. 심사위원은 나에게 결과가 곧 나올 텐데 다들 결과를 기다리고 있는데 왜 가느냐고 재차 물었다. 참 곤혹스러웠다. 부끄러워서 빨리 자리를 피하고 싶은데 계속 붙들고 놔주질 않는 것이었다.

1시간 후면 결과발표를 하니까 기다렸다 가라고 하면서 심사위원은 나를 대기실로 데리고 갔다. 빨리 도망갔으면 하는 심정으로 내키지 않게 도살장 끌려가듯이 쭈뼛쭈뼛 대기실로 들어갔다. 문을 열고 들어

나는 선교하려고 교회를 개척했다

서니 백 명 가까운 백인들이 다 나를 쳐다보는 것이었다. '아! 그냥 갈 걸!' 하는 후회가 들었다. 그 많은 사람들 중에 나 혼자만 동양인이었고 전부 다 미국인들이었다. 그렇다고 지금 와서 뒤돌아 나갈 수도 없었다. 그래서 마음을 고쳐먹었다.

'어차피 오늘 보고 평생 볼 일 없는 사람들이니 그냥 차려진 음식이나 먹고 미국인들과 영어 회화 공부나 실컷 하다가 가자.'

이렇게 생각하니 마음이 편해졌다. 여러 가지 스넥과 음료와 과일 등이 차려져 있었고, 음식을 먹으면서 잡담을 하다 보니 결과 발표를 한다고 모이라고 했다. 미국 전역을 다섯 군데로 나눠서 한 오디션 장에서 10명씩 총 50명을 뽑아서 오페라 캐스팅을 하는 시스템이었다. 내가 응시한 지역에서는 총 10명이 뽑히는 것이다. 아까는 창피만 당하지 않게 해달라고 하나님께 기도했는데 막상 결과 발표장에 들어오니 욕심이 생겼다.

'하나님. 10등만 하게 해 주세요.'

심사위원이 따라 나와서 집에 가지 말고 기다리라고 했으니 아마도 좋은 결과가 있지 않을까? 하는 생각을 하며 10등에서 이름이 불리길 기다렸다. 하지만 내 이름은 불리지 않았다. 당연한 결과였다. 쟁쟁한 미국 전공자들 앞에서 10등이라도 하고 싶다고 욕심을 냈으니 언감생심이었다. 9등, 8등, 7등. 결과는 계속 발표 나는데 여전히 내 이름은 없었다. 당연한 결과인 줄 알면서도 혹시 혹시 하며 기다렸다. 6등, 5등, 4등. 계속 발표는 하는데 나와는 무관했다. 날 불러 세운 심사위원은 활짝 웃는 얼굴로 상장을 주면서 수상자들을 축하해 주고 있었다.

'저 심사위원은 날 왜 불러 세워서 지금까지 이런 망신을 주는 거야.' 속으로 불평하면서 어서 빨리 결과발표가 끝나고 집에 가기만을 기다렸다. 3등을 발표하고 이제 1등과 2등만이 남았다. 그런데….

"Second prize. Alex Ryu!"

2등에서 내 이름을 부르는 것이 아닌가(미국에서 내 이름은 '알렉스 유'였다). 혹시 동명이인이 아닌가 하고 옆을 둘러봤지만 박수 소리만 들릴 뿐 아무도 나가지 않았다. 그도 그럴 것이 미국인이 Ryu라는 성을 갖고 있을 리 만무했다. 갑자기 불린 내 이름에 엉거주춤 일어나서 앞으로 나가 상장을 받았는데 아까 나에게 찾아왔던 심사위원이 함박웃음을 지으면서 상장을 전해 줬다.

나중에 알게 된 사실은 10등부터 6등까지는 오페라 경험을 위해 자기가 레슨비를 내고 오페라 공연에 참가하는 것이고, 5등부터 1등까지는 출연료를 받고 공연하는 것이었다. 이제 고작 한 학기 성악 수업을 들었을 뿐인 동양인이 2등에 뽑히다니! 기적이었다. 그 후 나는 출

나는 선교하려고 교회를 개척했다

연료를 받고 미국 오페라 무대에서 한 달 동안 합숙 훈련을 하고 한 달 동안 공연을 하게 되었다.

꿈같은 일이 또 벌어졌는데 〈요한 슈트라우스의 박쥐〉라는 오페라에서 내가 '박쥐' 역을 맡게 된 것이었다. 총 50명의 오페라 가수들 가운데 Main Role(주연)은 불과 몇 명이고, 나머지는 Chorus(합창단) 위주로 공연을 하게 되는데 내가 주연으로 뽑히다니! 수십 불, 수백 불씩 입장료를 내고 들어오는 관객들 앞에서 당당하게 공연은 마쳤지만 지금 생각해도 진땀이 흐르는 일이었다.

기적 같은 일들이 어떻게 연속해서 일어났을까? 아무리 생각해도 이것은 내 개인의 일(오페라 오디션)보다 하나님의 일(낙심한 장로님 심방)을 1초의 망설임도 없이 결정한 것을 하나님께서 기쁘게 보셨다는 것 말고는 달리 설명할 방법이 없다. 내가 어찌 내 실력으로만 그 경쟁을 뚫고 오페라에, 그것도 주연으로 공연할 수 있겠는가. 오로지 주님의 도우심의 손길이 있기에 가능한 일이었다.

> 먼저 그 나라와 그의 의를 구하라
> 그리하면 이 모든 것을 너희에게 더하시리라(마 6:33)

30장

한 가지 소원

    아프리카 선교 여행을 하면서 여러 선교사들을 만날 수 있었다. 벌써 30년 전에 아프리카로 와서 그 당시에는 생소하던 에이즈 환자의 실상을 알리고 그들을 치료하는 분, 은퇴 후 실버 선교사로 남은 생을 주님께 바치는 분, 평신도 선교사로 교회 파송을 받고 활발하게 사역하는 분, 아프리카 교회와 신학교 사역을 하시는 분, 무슬림 지역에 들어가 목숨을 내놓고 사역하시는 분 등 수많은 주님의 종들이 아프리카에서 힘든 현실을 무릅쓰고 선교에 전념하고 계셨다.

    미혼의 여성으로 30년 전에 아프리카에 와서 홀로 사역을 감당하는 어느 선교사의 간증은 나를 부끄럽게 했다. 아프리카 사람들에게 속기도 많이 하고, 자기 돈만 바라보고 있는 현지 목회자들을 보면서 화가 날 때도 있었지만 그 선교사는 여러 명을 신학 공부시켜서 목회자로 키워 내고 그들이 교회를 세울 때 지원했다. 그 선교사는 결혼을 하지 않아서 육신의 자녀는 한 명도 없지만 영적인 아들이 수십 명이 되는 것을 자랑스럽게 생각했다.

"목사님. 저는 욕심이 없어요. 욕심이 없으니 여기까지 달려올 수 있었어요. 하지만 나는 딱 한 가지 욕심이 있어요."

처녀의 몸으로 일찌감치 주님과 결혼하고 평생을 선교하셨으니 재산을 남겨 줄 자식도 없는 그에게 무슨 인간적인 욕심이 있으랴. 그런데 한 가지 욕심이 있다는 말에 흥미가 끌렸다.

"딱 한 가지 욕심이 있는데 그것은 선교하다가 순교하는 것이에요.
저는 늘 기도해요. 하나님. 제가 편안하게 살다가
죽지 않고 선교하다가 순교하게 해 주세요."

나는 그 말을 듣고 가슴이 먹먹했다. 순교를 각오하고 달려온 인생. 선교하다가 불가항력으로 인해 어쩔 수 없이 순교당하는 것이 아니라 순교를 소원하고 달려온 인생 앞에 무슨 거칠 것이 있으랴. 무슨 두려움이 있으랴.

"저는 케냐 국적을 신청해 놓았어요. 한국인으로는 이슬람 국가에 들어가기가 제약이 많아요. 더군다나 선교를 하기에는 한국 국적으로

나는 선교하려고 교회를 개척했다

는 어려움이 많은데 케냐 국적을 갖고 있으면 무슬림 국가에 들어가기가 용이해요. 마지막 남은 인생 무슬림 국가에 가서 그들을 전도하다가 순교하는 것이 소원이에요."

마지막 소원이라는 것이, 마지막 꿈이라는 것이 '그동안 힘들게 살았으니 말년을 그래도 편안하게 지내며 인생을 마무리하는 것'이 아니라 순교의 가능성이 농후한 무슬림 국가로 간다는 선교사. 그 일을 위해 국적도 케냐 국적으로 바꾸겠다는 그분의 간증은 나를 한없이 부끄럽게 했다.

그런데 은혜를 받은 이분과는 달리 실망스런 충격을 받은 경우도 있었다. 그 지역에서 가장 큰 신학교를 운영하고 인정받고 있는 목사님을 만난 적이 있다. 아프리카 제자들을 길러내고 현지인 교회에도 관여하면서 사역을 잘 감당하는 분이었다. 그분은 내가 목사란 사실을 알고는 같은 목회자로서 솔직한 고백을 했다.

"목사님. 내가 겨우 백 명, 이백 명 목회하려고 여기까지 왔나 생각하면 솔직히 힘이 빠질 때가 있습니다."

나는 그 말을 듣고 충격을 받았다. 그분은 한국의 대형 교회 부목사를 하다가 아프리카로 와서일까? 아프리카 사람들 백 명, 이백 명쯤은 '겨우'로 생각하시는 모습에 너무 가슴이 아팠다.

지금도 상가 한 귀퉁이나 심지어 지하에서 성도 열 명, 스무 명을 평생 섬기는 목사들도 얼마나 많은데. 섬이나 시골로 들어가서 마을 주민 다 합쳐도 30명에 불과한 곳에서 평생 목회하는 분들도 얼마나 많은데. 아무리 해도 성도가 늘어나지 않아서 눈물 흘리는 목회자들이 얼마나 많은데 겨우 백 명, 이백 명이라니! 대형 교회에서 자기가 담당해야 할 성도들이 수백, 수천 명씩 되는 부목사 생활을 해 왔던 것을 돌아보면 그분의 심정이 이해는 가지만 씁쓸한 마음은 지울 수가 없었다.

신학교에서 전해져 내려오는 우스갯소리가 있다. 신학교 1학년생들이 가장 좋아하는 찬송은 〈아골 골짝 빈들에도 복음 들고 가오리다〉인데 4학년생들이 제일 부담스러워하는 찬송 역시 이 찬송이라는 것이다. 곧 졸업하고 사역지로 나가게 되는 현실 앞에서, 한 영혼의 소중함과 한 영혼 전도가 얼마나 힘든지 여실히 체험할 수 있는 '아골 골짝 빈들'에서의 사역은 가급적 피하고 싶은 마음을 대변하는 우스갯소리일 것이다.

늦은 나이에 신대원을 들어갔을 때 교수님이 말했다.

"요즘 목회 후보생들 가운데는 옛날의 개척의 야성을 가진 목사님들을 찾기가 어렵습니다."

나는 선교하려고 교회를 개척했다

개척의 야성이 무엇인지는 잘 모르지만 주님 주신 열정을 가지고 맨땅에 헤딩하듯 아무것도 없이 개척하는 마음을 말하는 듯했다. 모교회의 지원 없이 홀로 하는 개척은 누구나 어렵고 피하고 싶은 것이 인지상정이다. 가급적이면 더 많은 성도들에게 영향력을 끼치고 설교의 은혜를 나누고 주의 백성으로 이끌고 싶은 것이 목사라면 누구나 느낄 수 있는 당연한 감정일 것이다.

하지만 아프리카에서 만난 무명의 독신 여선교사. 순교를 각오하고, 아니 순교를 소원하며 사역하는 그분을 보면서 나 역시 '개척의 야성', '선교의 야성'을 갖기를 소망한다.

우리 교회에 출석하시는 미얀마 선교사를 지망하는 목사님이 계신다. 선교 훈련을 받고 미얀마로 막 떠나려는 찰나에 미얀마 군부 쿠데타 사건이 일어나서 출발하지 못했다. 더군다나 코로나 사태까지 겹쳐서 더더욱 미얀마 선교의 가능성이 멀어졌다. 2년을 못 가고 기다리는 그분에게 사역지를 옮기지 않겠느냐고 연락이 왔다. 남미의 어느 선교사가 은퇴를 하게 되어 사역을 이어받을 분이 필요하다고 했다.

"거기 가면 신학교에서 학생들을 가르칠 수도 있고, 우리 딸을 영어와 스페인어도 같이 배우게 할 수 있는 좋은 환경이었어요. 그런데 제가 거절했습니다."

"아니, 왜요? 지금 미얀마는 쿠데타 중이라서 가시기가 힘든데 사역지를 바꾸는 것도 하나님의 인도하심 아닌가요?"

"저에게 제안이 들어온 남미의 선교지는 시니어 선교사가 가실 자리인 것 같아요. 저는 새로 개척할 곳, 아무것도 없는 곳에 가서 힘들지만 어려운 사람들과 함께 선교하고 싶습니다."

개척의 야성이 없다고 누가 말했던가. 선교사 지망생들이 줄어든다고 누가 말했던가. 이미 다 갖추어진 곳보다 새로 일구어 나갈 곳을 찾아 선교하러 나가겠다고 하는 순수한 마음. 그래서 그 분은 후원을 많이 받을 수 있는 교회를 찾아간 것이 아니라 아무것도 없는 개척교회를 기쁜 마음으로 도와주며 함께 예배드리고 있는 것인가 보다.

예수님께서는 하늘 보좌에서 하나님의 아들로 계시다가 하늘 보좌를 버리시고 이 땅, 낮고 낮은 땅에 오셨다. 그리고 머리 둘 곳도 없이 고생하시고 수많은 고초를 당하시다가 결국 십자가의 피 흘림을 감당하셨다. 오직 하나님 아버지의 뜻을 완성시키기 위해, 또한 죄인 된 우리를 구원하시기 위해. 하나님의 나라는 예수님의 이러한 섬김을 백분의 일, 천분의 일이라도 닮아가기를 원하는 사람들로 인해 세워져 나갈 것이다.

이제 후로는 나를 위하여 의의 면류관이 예비되었으므로
주 곧 의로우신 재판장이 그 날에 내게 주실 것이며
내게만 아니라 주의 나타나심을 사모하는 모든 자에게도니라(딤후 4:8)

나는 선교하려고 교회를 개척했다

보라 내가 새 일을 행하리니 이제 나타낼 것이라.

I cannot do anything

지금까지 작은 개척교회가 벌인 짧은 2년 동안의 선교 여정을 살펴보았다. 이 글을 쓰면서 다시 떠올려 본 선교의 여정은 내 힘으로 한 것이 아닌, 온전히 하나님께서 하신 결과였음을 고백하지 않을 수 없다.

일단 개척의 상황에서 아프리카에 교회를 세우겠다는 마음을 먹는 것은 사람이 가질 상식적인 마음이 아니었다. 먼 아프리카의 교회 세우기보다는 눈앞의 현실에 몰두해서 일단 교회를 든든하게 세우는 것이 우선일 것이다. 하지만 교회 개척 한 달 만에 설교하던 중간에 준비해 간 설교 원고에도 없던 '아프리카 교회 건축' 선포를 한 것은 절대적으로 성령님께서 이끄신 것이다.

다음으로 성도들의 반응 역시 놀라웠다. 만약 기존 교회에 청빙을 받아 후임 담임목사로 갔으면 아프리카 교회 짓기를 추진하기가 쉽지

나는 선교하려고 교회를 개척했다

않았을 것이다. 당회를 통과하기 어려웠을 것이고, 원로 목사의 허락을 우선 받아야 하는데 그 또한 쉽지 않았을 것이다. 어쩌면 새로 온 목사가 교회를 어지럽게 한다고 비난받거나 심한 경우 쫓겨나기까지 하지나 않았을까?

하지만 놀랍게도 개척교회의 몇 명 안 되는 성도들은 모두가 찬성하고 기쁨으로 그 일을 감당했다. 삼박자가 척척 맞아 떨어진 것이었다. 먼저는 성령님의 인도요, 둘째는 세상 물정 모르고 하나님만 바라보는 철없는 목사요, 셋째는 선한 일에 무조건적으로 찬성하고 따라온 성도들의 헌신이었다.

이 글을 읽고 계신 독자들 가운데 혹시라도 '선교는 하고 싶지만 우선은 돈을 좀 더 벌고 난 다음에', '다른 나라에 도와주고는 싶지만 우리 교회도 안정이 안 되어서' 등등의 이유로 망설이고 있다면 일단 성령의 인도하심에 모든 것을 맡기고 성령의 파도를 타 보기를 권한다. 우리는 잘 안다. 인생 전체를 살아도 만족할 만한 돈은 벌 수 없다는 것을. 언제나 '지금보다 조금 더' 벌기를 원하기 때문에 돈으로 만족할 수는 없다.

세계 최고의 부자였던 록펠러에게 어느 신문기자가 인터뷰했던 이야기는 유명하다.

"록펠러 씨. 당신은 이미 세계 최고의 부자인데 지금 만족하십니까?"

그러자 록펠러가 대답했다.

"아니요."

의외의 대답에 놀란 기자가 다시 물었다.

"그러면 얼마를 가져야 만족하시겠습니다.

"지금보다 조금 더."

그렇다. 인생에서 만족에 대한 열망은 끝이 없는 것이다. 지금 집이 없는 사람은 내 집 마련만 되면 세상 부러울 것 없으련만, 막상 20평 아파트가 생기면 30평대 아파트에 살고 싶고, 30평 아파트가 생기면 40평대에서 살고 싶은 것이 사람 마음이다.

'우리 교회가 안정되면, 우리 교회도 남 도울 형편이 되면' 안정되고 도울 형편이 될 때를 기다린다면 평생 남을 도울 수는 없다. 그때가 되면 또 다른 돈 쓸 일은 생기기 마련이다. 그러므로 그때는 영원히 오지 않는다.

100만 원을 벌 때 십일조 10만 원 하기는 오히려 쉽다. 그런데 1억 원을 벌면 십일조 1000만 원 하기가 부담스러워지는 것이 인간이다. 산술적으로 계산하면 100만 원 벌어서 90만 원을 내가 쓰는 것보다, 1억 원을 벌어서 9000만 원을 쓸 수 있는 것이 훨씬 이익일 텐데, 사람들은 적은 액수를 벌 때보다 오히려 돈이 많을수록 십일조 하기가 힘들어진다.

나는 선교하려고 교회를 개척했다

어찌어찌하여 한 가지 프로젝트는 완성했다고 하자. 그러면 이제는 정신 차리고 교회를 위해 물질도 모으고 건축도 준비하고 하는 게 인지상정 아닌가? 그런데 성령님은 나에게 또 다른 선교를 할 마음을 주셨다. 우물 파기 선교사업이었다. 그리고 그 음성에 순종했다.

우물 파기가 끝나자 또 다른 사업을 다시 하게 하셨다. 집짓기 선교 프로젝트였다. 그리고 장학금으로 학교 보내기 선교까지 계속해서 마음을 주셨다.

'하나님. 저에게 왜 이러세요? 우리 교회는 아직 상가 월세도 제대로 못 내는 가난한 교회예요. 이런 선교 프로젝트는 대형교회에 맡기세요. 이제 이런 부담감은 그만 주세요.'

이런 고백을 할 수도 있으련만 나는 이상하게도 이런 마음이 들지 않았다. 그저 주님께서 나를 써주시는 것만으로도 행복했다. 성령님의 음성을 들을 때마다 나와 우리 성도들은 절대 순종했다. 우리가 무슨 배짱으로 이런 일들을 감당했는지 아는가?

'우리가 언제 돈이 많아서 선교한 적이 있나?
선교하라는 마음을 하나님이 주셨으니
우리는 그저 첫 삽만 뜨면 돼.
그러면 열 배로 갚아 주시는

하나님께서 나머지는 다 책임져 주신다.'

이런 무모한 배짱이 개척교회가 선교할 수 있는 든든한 반석이 된 것이다. 주신 마음대로 선교하다가 하나님이 우리 교회에도 교회 건축하게 해 주시면 하면 되고, 아니면 평생 내 교회 건물은 없더라도 하나님의 원하시는 삶을 살다 가면 되는 것이다. 그런 배짱이 있다면 상황과 형편은 어찌하든지 언제나 평안하고 평강할 수 있는 법이다.

하나님이 나에게 은혜의 단비를 내려주시지 않으면 내 힘으로 아무것도 이룰 수 없는 것이 인생이다. 작은 개척교회에서 대책 없이 시작한 선교도 하나님이 이루시지 않으면 아무것도 할 수 없었을 것이다. 그러기에 우리 인생은 자랑할 것도, 부족할 것도 없다. 그래서 다시 한 번 마사이 부족을 떠올리며 글을 마무리한다.

"I cannot do anything."
(내 힘으로는 아무것도 할 수 없어요.
모든 것이 하나님의 은혜입니다.)

나는 포도나무요 너희는 가지라
그가 내 안에, 내가 그 안에 거하면 사람이 열매를 많이 맺나니
나를 떠나서는 너희가 아무 것도 할 수 없음이라(요 15:5)

나는 선교하려고 교회를 개척했다